KB161756

스포츠를 철학하다

김진훈 · 이호근 지음

스포츠를 철학하다

이담북스

스포츠는 사회와 밀접한 관계를 맺고 있다. 사회의 축소판이자 거울로서 현 사회를 너무나 잘 반영하고 있다. 스포츠는 누구에게는 직업이며, 또는 유희와 건강의 수단이 되고, 그리고 때론 논의의 대상이다. 스포츠는 정치, 경제, 사회, 문화, 예술, 교육 등 다양한 분야에서 이야기되고 있으며 서로 영향을 주고받고 있다.

하지만 스포츠가 우리 사회에서 어떻게 형성되고 발전하였는지 진지한 생각은 하지 않는다. 단순히 현재의 스포츠를 보고, 즐기고, 행하고 있을 뿐이다. 스포츠를 직업으로 하는 선수나, 선수와 관련된 모든 사람 또한 스포츠의 본질을 제대로 이해하거나 이야기하는 것을 좋아하지 않는다.

스포츠를 연구하고 공부하는 많은 학자 또한 각자의 영역에서만 충실할 뿐 체육학의 기초이자 뿌리라고 할 수 있는 인문학적 연구와 소양은 등한시하는 경향을 보인다. 이는 전국의 체육 계열 학과를 개설하고 있는 많은 대학에서 스포츠인문학(스포츠철학, 체육사, 스포츠문학 등) 영역의 교수진과 교육과정이 갈수록 축소되고, 개설조차 되지 않는 현상으로 이어지고 있다. 전공교수가 없으니 교육과정이 없는 것인지, 아니면 교육과정이 없으니 교수가 없는 것인지, 무엇이 먼저인지는 알 수 없지만, 우리 사회의 요구와 대학 존재 이유의 변화에서 나타난 하나의 현상과 무관하지 않다.

　한국 사회에서 대학은 이제 더 이상 진리와 정의의 상아탑이 아닌 취업만을 위한 입시학원으로 전락하고 있다는 생각을 지울 수 없다. 많은 대학은 자신의 대학, 학과가 취업에 강하다는 슬로건만을 앞다퉈 홍보한다. 또한 기초학문은 취업에서 뒤처진다는 이유로 취업이 우선인 학과로 통폐합되거나 학과 명칭만을 살짝 바꾸고 있으며, 인문학은 존재의 가치를 상실하고 있다.

　대학 안에서 인문학의 위기는, 스포츠학의 영역에서도 동일하다. 스포츠인문학을 전공하게 되면 지속 가능한 연구자로 살아남기 위해 힘든 고통과 인내가 있어야 한다. 이는 학문 후속세대나 신진 연구자의 부재로, 다시 대학은 교육과정에서 필요로 하지 않는 학문의 영역으로, 우리는 인문학의 상실을 경험하고 있다.

이에 이 책은 크게 4부로 구성하여 스포츠와 인문학에 관하여 이야기하고자 한다. 특히 스포츠철학을 전공한 대학의 교수와 역사 연구에 매진하는 제자의 대화를 통해서 스포츠의 존재, 인식, 가치, 현상 등에 대하여 이야기하였다.

인문학은 사람이 주체고, 스포츠 또한 인간이 주체이다. 따라서 스포츠인문학 역시 우리, 인간이 주체라고 할 수 있다. 하지만 우리 사회는 선수의 인성보다는 연봉에 관심이 더 많고, 경기에서 승리하기 위해서는 선수들의 피와 땀보다는 다른 무엇인가의 노력이 더 필요하며, 스포츠 중계권에 따른 경기 일정과 시간, 그리고 변경된 규정들은 선수를 위함이 아니라는 것을 우리는 종종 목격한다. 이렇듯 스포츠의 현장에 주체인 인간은 논의의 대상 밖으로 점점 사라지고 있다. 이제 스포츠를 진리와 정의의 토대에서 자유롭게 이야기하고자 하며, 대학의 다양한 체육학 전공자들과 함께 공유하였으면 한다.

　제1부는 스포츠의 존재 이유에 관한 내용으로 구성하였다. "스포츠는 무엇인가?"라는 질문은 스포츠의 개념과 정의 추구에 있어 처음이자 끝이라고 할 수 있다. 이에 스포츠는 무엇인가와 정의 추구, 그리고 스포츠의 개념에 있어 유사한 용어들에 대해 이야기하고자 하였다.

　제2부는 스포츠와 인식론에 관한 내용으로 구성하였다. 우리 사회에서 체육을 어떻게 이해하고 인식하고 있는가에 대하여 체육학적으로 접근하고 사유하고자 하였으며, 체육의 목적과 목표, 그리고 인식에 대하여 사유하였다.

　제3부는 스포츠와 가치론에 관한 내용으로 구성하였다. 스포츠 가치론은 스포츠 본질의 가치를 연구하는 영역으로 스포츠윤리학,

스포츠미학, 스포츠정치학이 있다. 이 책에서는 스포츠 윤리를 중점으로 다루고자 하였다.

　제4부는 스포츠와 현상학에 관한 내용으로 구성하였으며, 현재의 스포츠와 미래의 스포츠에 대하여 이야기하였다.

　스포츠의 지식과 실천에 대한 인문학적 논의는 많은 사람에게 큰 반향을 일으키지 않는다. 스포츠를 수단으로 하는 거대한 산업만이 우리의 관심일 뿐이다. 단지 돈, 건강, 재미, 오락, 기분전환, 여가 산업 등에만 스포츠가 소비될 뿐이다. 진리와 정의의 추구를 사명으로 하는 학문적·교육적 가치들은 스포츠학하고는 상관없는 것이 되었다. 스포츠를 연구하는 우리도 더 이상 자유롭지 않다.
　저자들은 스포츠 인문학자의 이름으로 이에 대한 반성과 함께, 스포츠의 정체성에 대한 비판과 논의를 지속해서 유지하려 한다. 이 저서가 모든 질문에 답을 주지는 않는다. 다만, 더 나은 삶과 스포츠의 위상을 높이기 위해 노력하고자 한다.

│ 차례 │

서문 · 4

제1부   존재론

01 스포츠는 무엇인가   13
02 정의 추구   25
03 놀이, 게임, 체육, 스포츠   39

제2부   인식론

01 체육학이란   63
02 체육의 목적과 목표, 그리고 가치   77

제3부 가치론

01 도핑   89
02 인권   103
03 승부조작   121

제4부 현상학

01 현재의 스포츠   141
02 미래의 스포츠   157

맺음말 · 165
참고 문헌 · 168

제 1 부

·
·
·

존재론

01
스포츠는 무엇인가

"스포츠는 무엇인가?"라는 질문에 답을 찾고자 하는 사람들은 스포츠를 전공하는 학자들에게만 국한되어 있다고 볼 수 있다. 이는 일반적으로 스포츠에 대하여 진정성을 가지고 이러한 질문과 함께 답을 찾는 사람들이 그리 많지 않기 때문이다. 그리고 스포츠 내에서도 모든 체육학자가 논하는 것이 아닌 체육학 하위 영역으로 분류했을 때 스포츠인문학 영역에서만 스포츠의 본질과 존재에 대하여 논의하는 것이 일반적이다.

이러한 상황에서 우리 사회와 학계는 점점 더 자연과학과 밀접한 관계를 맺고 취업과 연관된 학문에만 몰두하고 있다. 그러다 보니 스포츠에도 전공에 대한 편중 현상이 발생하고 있으며, 더욱 강화되고 있는 실정이다.

이에 스승과 제자는 오늘도 스포츠에 대해 끊임없이 질문하고 답한다. 이는 더 이상 스포츠가 무엇인지 모르면서 보고, 행하며, 공부하고 연구하는 많은 사람에게 최소한의 스포츠를 알리기 위해서이다.

스승 : 제자여, 오늘도 함께하니 참으로 좋다.

제자 : 네, 교수님. 저도 그렇습니다.

스승 : 나의 직업이 선생이니 당연히 제자랑 같이 있는 것 자체가 좋은데 제자는 어찌하여 그러한가?

제자 : 저 또한 직업이 배우는 사람이면서 가르치기도 하고 있어서 교수님과 연구실에 함께 있으니 좋을 수밖에 없습니다.

스승 : 그래도 공부하는 것이 갈수록 힘들어지는데, 제자는 어떠한가?

제자 : 저도 아무 걱정 없이 공부만 하고 싶습니다만 현실은 그렇지 않아 마냥 즐겁지만은 않습니다. 그래도 이 시간에는 이러한 생각들이 없어 마음이 편합니다.

스승 : 그렇게 말해 주니 나도 참으로 이 시간이 소중하구나. 시간 가는 줄도 모르고 대화를 하고 있으니 이를 우리는 뭐라고 명명해야 좋을까?

제자 : 저는 무아지경(無我之境)이라고 생각합니다. 무아지경의 사전적 의미는 "마음이 어느 한 곳으로 온통 쏠려 자신의 존재를 잊고 있는 경지"(다음한국어사전, 2020)라고 되어 있습니다. 교수님과 대화를 통해 스포츠를 논하고 있으면 저를 잊고 있는 것 같아서요.

스승 : 이러한 상황들은 우리 일상생활에서도 자주 일어나고 있

지. 어떤 사람은 자기가 좋아하는 게임을 할 때 그렇고, 어떤 사람들은 일할 때도 그렇지.

제자 : 교수님, 그런데 일은 노동이라서 좋아하는 사람보다는 그렇지 않은 사람들이 많은데요. 무아지경에 이르게 일을 하는 사람들이 존재할까요?

스승 : 우리의 직업이 선생이지 않느냐? 좋아서 할 때도 있지만 그렇지 않은 날도 있겠지. 그리고 스포츠에 대하여 논의할 때도 그렇고 말이야. 그런데 매일같이 무아지경에 이르지는 않지만 어떤 주제에 대하여 열띤 논의를 할 때는 어떠한가?

제자 : 네, 좋아서 할 때는 이러한 현상들이 당연하다고 생각하지만 육체적으로 힘든 일을 할 때는 잘 이해가 안 갑니다.

스승 : 육체적인 일을 할 때? 사고확장을 위해 이러한 현상들이 어떻게 발생하는지에 대해 다시 생각해 보자.

제자 : 네, 제가 저의 시각으로만 생각하니 무아지경이 일과 상관없다고만 생각했습니다. 그런데 다시 생각해 보니 제가 예전에 페인트칠을 한 일이 있었습니다. 그때 처음에는 힘들고 재미도 없었는데 계속 페인트칠을 하면서 뭔가 알 수 없는 힘과 함께 재미도 생기면서 시간 가는 줄 모르고 일을 했습니다. 그리고 저는 한 시간쯤 페인트칠을 한 줄 알았는데 시계를 보니 3시간이 훌쩍 지나간

것이었습니다. 그래서 지금 생각하면 그때 제가 무아지경을 경험했던 것 같습니다.

스승 : 잘 생각했다. 그렇다면 스포츠를 공부하면서 무아지경은 없었느냐?

제자 : 스포츠에서 무아지경은 정말 많은 것 같습니다. 교수님도 많으신가요?

스승 : 내가 스포츠에서 무아지경에 대한 경험이 많지 않았으면 아마 자네를 못 만났을 것이고 지금도 없지 않았을까.

제자 : 네, 저도 마찬가지인 것 같습니다.

스승 : 그럼 스포츠에서 무아지경의 경험은 무엇이었느냐?

제자 : 네, 제가 좋아하는 스포츠 경기를 보면 이러한 현상들은 자주 발생합니다. 그 경기를 보기 위해 텔레비전 앞에 있으면 광고 시간은 엄청나게 길게 느껴지고 똑같은 시간이지만 경기의 시간은 순간적으로 지나가기 때문입니다. 이는 저뿐만 아니라 스포츠를 좋아하거나 즐겨 보는 사람들에게 똑같이 일어나겠죠?

스승 : 그렇지. 그렇지만 같은 경기에서도 이러한 현상들은 각각의 사람들에게 다르게 형성될 수밖에 없겠지. 좋아하는 스포츠 팀과 선수가 다르니 말이다.

제자 : 네, 맞습니다. 저도 특정 스포츠와 선수들에 따라 관람

에 있어 집중력과 몰입도가 다릅니다.

스승 : 보는 스포츠에 대한 경험은 충분히 이해가 간다. 그러면 하는 스포츠에 대한 경험은 무엇이 있느냐?

제자 : 하는 스포츠는 보는 스포츠에서 느꼈던 무아지경보다 더 많고 강한 것 같습니다. 제가 좋아하는 스포츠는 동적인 활동을 포함한 구기운동으로서 축구, 농구, 배구 등이 있습니다. 라켓운동은 배드민턴이고요. 그리고 계절스포츠로 수영과 스키를 좋아합니다. 이 중에서 제가 무아지경에 이르기까지 즐겼던 스포츠는 거의 위의 모든 종목에서 경험했습니다. 한참 축구를 좋아해서 축구를 할 때는 전·후반이 언제 지나갔는지 모르게 빠져 있었습니다. 그런데 요즘 스포츠에서 이러한 경험을 하는 것이 줄어들고 있습니다. 교수님은 어떠신지요?

스승 : 스포츠를 보는 것보다 직접 하는 것이 더 많은 무아지경에 이르듯 나 또한 골프를 치면서 시간이 어떻게 흘러갔는지 모르게 운동을 한 적이 많았지. 그런데 너의 마지막 질문처럼 언제부터인가 모든 스포츠를 즐기고 사랑했던 나부터도 특정한 종목에만 관심이 간다. 운동하며 나이가 들어감에 따라 즐기는 스포츠가 달라지는 것이지. 이런 현상은 상식의 수준에서도 접근이 가능한 것이고. 혹시 이에 대해서 느끼는 것이 있느냐?

제자 : 네, 쉽게 표현하여 젊은 나이일수록 스포츠 종목에 맞는

공 크기가 크고, 나이가 들어감에 따라 공의 크기가 작아진다고요. 그리고 나이에 따른 연령별 운동이라고 해서 10대부터 50~60대에 알맞은 운동이 있죠. 혹시 이것을 이야기하시는 것입니까?

스승 : 후자에 질문한 내용과 정보들은 수없이 많다. 스포츠를 자연과학적으로 접근하여 개개인에게 맞는 운동을 처방해 주는 것들 말이다. 그런데 오늘 우리가 이야기하는 본질은 스포츠는 무엇인가라는 것이지.

제자 : 네, 맞습니다. 그래서 저도 스포츠를 알고, 보며, 행하는 일련의 과정들 속에서 스포츠에 빠지게 되었고, 현재도 스포츠와 함께 나아가면서 스포츠를 공부하고 연구하면서 살고 있습니다.

스승 : 나 역시 오래전부터 이러한 연속되는 과정에 있다.

제자여, 혹시 스포츠에 대해서 연구하면서 무아지경에 빠진 적은 없느냐?

제자 : 아, 많습니다. 제가 전공하는 스포츠인문학(스포츠철학, 체육사)의 연구방법을 통해 스포츠에 대한 논문을 작성할 때 이러한 경험을 합니다. 언제 시간이 갔는지 모르게 연구를 통해 책을 작성하고 있으면 이 또한 일 같지 않습니다.

스승 : 스포츠를 알고, 실천하고, 보면서 즐기고, 여기에 스포츠

에 대하여 연구까지 한다면 스포츠를 제대로 이해할 수 있겠구나.

제자 : 네, 우리나라 유명 기업인이 한 말처럼 "해봤어?"라는 말이 직접 경험에 대한 중요성을 이야기했다면 스포츠를 알고, 보고, 하고, 쓰기까지 한다면 스포츠가 무엇인가에 대하여 좀 더 깊이 있게 이야기하지 않을까 생각합니다.

스승 : 그렇다. 우리는 스포츠가 무엇인가에 대하여 학문적으로만 접근하거나 스포츠를 실천하지 않으면서 스포츠는 무엇이라고 이야기하는 것은 참된 앎이 아니며, 스포츠 존재에 대하여 혼란을 가중시킬 수 있다.

제자 : 네, 그렇지만 우리 주위에는 이러한 사람들이 많지 않습니까. 스포츠 현장에 있지 않으면서 학문적으로 스포츠는 이렇다고 하는 사람, 스포츠를 전공하지 않고서 스포츠를 직업으로 하는 사람, 스포츠를 전공하였지만 다른 전공이나 주장을 무시하는 사람 등 스포츠에 대한 참된 지식을 알고자 하는 사람들이 그리 많지 않은 것 같습니다.

스승 : 제자여, 처음과 끝에 말한 사람들은 충분히 알겠다. 두 번째 사람들, 비전공 직업인에 대해서 좀 더 자세하게 말해 볼 수 있느냐?

제자 : 네, 스포츠를 전공하지 않고서 스포츠를 직업으로 하는

사람들은 우리 주위에 많습니다. 대학교를 졸업하고 자기 전공에 맞는 일자리를 구하는 것은 쉽지 않으며 대개 전공과 무관한 곳에 취업하고 있는 현실은 우리 사회에서 통계적으로나 일반적인 상식으로도 쉽게 알 수 있습니다. 그래서 스포츠에도 이러한 현상은 당연히 반영되고 있습니다. 그렇지만 체육인의 탈을 쓰고 어떠한 정치적·경제적인 목적을 위해서 스포츠를 이용한다면 이 또한 현재의 스포츠를 말해 주는 것이 아닌가 생각합니다.

스승 : 더 자세히 말해 줄 수 있느냐?

제자 : 네, 우리나라의 스포츠협회나 연맹의 수장들은 대게 정치인들이나 경제인들이 많습니다. 나름의 이유가 있죠. 거시적으로 정치적·경제적인 목적이 서로에게 부합되기 때문에 그렇다고 봅니다. 그리고 이러한 상황들은 이제 우리에게 당연하게 받아들여지고 있다는 것이죠. 그래서 스포츠는 정치적이지 않게 중립적이어야 한다고 주장하고 스포츠는 순수하게 열정으로 한다고 말은 하지만, 정작 더 많은 연봉이 보장된다면 팀을 옮기는 것입니다. 그렇다고 모든 선수가 경제적인 논리로만 해석하는 것은 아니지만, 이제는 스포츠에서 정치와 경제를 빼놓을 수 없는 불가분의 관계가 형성되었다는 것입니다. 이러한 상황들은 우리가 스포츠는 무엇인가에 대하여 생각할 때 이제 빼놓을 수 없는 현상이기 때문에 스포츠와 직접

관련이 있는 사람들에 대한 이야기를 해야 한다고 생각됩니다.

스승 : 제자여, 스포츠를 행하는 모든 사람에게 스포츠가 무엇인가라는 질문에 각각의 상황에 따라 다르게 답이 나오는 이유는 스포츠보다 어떤 사람이냐가 관건이라는 것이냐?

제자 : 네, 맞습니다. 스포츠를 어떻게 생각하느냐는 그 사람이 처한 상황에 따라 다르다고 생각합니다. 저는 스포츠를 전공하여 박사학위까지 취득하고 현재 여러 대학에서 스포츠를 가르치고, 공부하고 연구하면서 스포츠를 대하는 태도가 계속해서 바뀌고 있습니다. 학부생 때에 단순히 스포츠가 좋아서 입학하여 지금에 이르기까지 처음에 쉽게 생각했다가 갈수록 스포츠를 어렵게 생각하고 있습니다.

스승 : 스포츠는 알면 알수록 힘든 것이냐, 아니면 스포츠를 업으로 살려고 하니 힘든 것이냐?

제자 : 솔직히 둘 다인 것 같습니다. 학문적·교육적으로 스포츠와 동행한다는 것은 저에게 더 많은 숙제와 공부를 하게 하니, 매번 재밌고 무아지경에 이르지는 않습니다. 그리고 스포츠를 직업으로 하면서 힘들게 느끼는 것은 스포츠의 기본 개념인 경쟁을 통한 탁월함의 추구에 있어 그 탁월하다는 것은 직업적으로 대학교에 남는 것인데 이 또한 스포츠에서 말하는 순수한 탁월함이 보장되지 않는다는 현실 때문에 힘이 듭니다. 더 많은 노력이

필요하겠지만요.

스승 : 나도 그 힘든 시기가 길게 있었지만, 스포츠에 대한 진정성이 더 커지고 스포츠를 공부하고 연구하는 것을 소중하게 느끼게 되었다.

제자 : 네, 저도 지금은 길고 힘든 시기이지만, 스포츠를 알면 알수록 더 보게 되고, 실천하며, 쓰게 됩니다.

스승 : 제자여, 스포츠는 무엇인가라는 것은 사전적으로 이야기한다면 쉽게 개념화하거나 정의 추구를 할 수 있을 것이다. 그렇지만 오늘처럼 스포츠를 어떻게 알고, 보며, 실천하는 것, 그리고 스포츠에 대하여 지속적으로 공부하고 연구해서 설명한다면 스포츠가 무엇인가라는 개념들이 계속해서 변화하겠지만, 그 과정에서 스포츠의 변하지 않는 본질을 찾지 않을까.

제자 : 네, 교수님. 오늘도 많은 것을 깨달았습니다. 대화를 통해 스포츠를 철학하는 것은 스포츠를 이해하는 데 좋은 방향성인 것 같습니다. 스포츠는 무엇인가라는 것은 스포츠의 존재와 형이상학적인 연구 영역에 속합니다. 스포츠의 주체는 인간입니다. 스포츠의 존재를 이야기하려면 스포츠를 보고, 행하며, 공부하고 연구해서 쓰는 사람들을 먼저 알아야 한다고요.

스승 : 그렇지. 그럼 한 가지 더 질문을 하면 고대 그리스시대

의 스포츠와 현대의 스포츠가 다르다고 생각하느냐? 아니면 그때부터 전해 오는 종목이 현재에도 유사하게 남아 있으니 같다고 봐야 하느냐?

제자 : 저는 스포츠의 주체가 인간이듯이, 고대 사람과 현대 사람은 다르다고 생각합니다. 이념, 생활방식, 문화 등 시대구분을 통해 알려진 고대 사람들은 고대인이며, 중세 사람은 중세인이듯이 현대 사람들은 현대인들입니다. 고대 그리스시대에서 행해졌던 스포츠 종목들이 지금도 행해진다고 해서 같은 스포츠라고 정의 내리는 데에는 한계가 있다고 생각합니다. 왜냐면 사람이 다르니까요. 그리고 스포츠 종목으로 그때의 레슬링이 지금의 레슬링과는 당연히 다르고요.

스승 : 고대인과 현대인들의 삶의 경험은 다르지만 현대인들의 관점에서 스포츠는 그때부터 현재까지 있는 것이지. 인간도 변화하면서 스포츠의 형태가 변화했지만, 스포츠의 본질은 크게 변하지 않았지.

제자 : 네, 현대인들에게는 스포츠이지만 고대인들에게는 생존일 수 있는 신체적 활동이나 움직임은 어느 순간에 스포츠라는 개념으로 들어와 고대부터 행해졌던 스포츠로 인식하게 되었습니다. 그래서 고대인들에게 스포츠는 무엇인가라는 본질적인 질문에 당연히 답은 스포츠는 무엇이라기보다는 수렵 활동, 산 타기, 사냥 등이라고 말할

것 같습니다. 이는 현대인들이 그 당시에 있지 않았기 때문에 정확한 답을 못 찾겠지만 그래도 현재의 스포츠 활동들을 가지고 정의하겠죠.

스승 : 스포츠는 역사, 사회, 정치, 경제, 이념, 종교, 민족, 국가, 교육, 학문 등에서도 존재한다. 그래서 스포츠는 무엇인가는 이러한 상황들에 대하여 끊임없이 논의하고 연구하여 우리가 설명하고 글로 남겨야 한다.

제자 : 네, 그래서 스포츠는 무엇인가를 정의하는 것이 어렵습니다. 공부하면 할수록 간단명료하게 정의되지 않고 현대사회처럼 복잡다단하여 더욱 혼란스럽게 됩니다. 그렇지만 인간과 스포츠에 대하여 더 알아갈수록 재미있게 스포츠를 논할 수 있을 것 같습니다.

02
정의 추구*

이 장에서는 스승과 제자의 대화 형식으로 이루어진 스포츠의 정의 추구에 대한 담론이다. 담론이라는 사전적 의미는 어떤 주제에 대한 체계적인 말이나 글이라는 뜻과 이야기하고 논의한다는 뜻도 있다. 여기에서는 후자의 뜻으로 진행하도록 하겠다.

스승 : 제자여, 스포츠를 전공한 지 얼마나 되었지? 아니 스포츠를 진심으로 깊이 생각한 적은 언제부터인가?

제자 1 : 스포츠를 진심으로 생각한 적은 박사학위를 들어가기 전인 2007년인 것 같습니다. 그러니까 현재가 2021년이니 한 14년 정도 된 것이고, 스포츠를 전공한 것은 학부를 1998년에 입학하였으니 23년 정도 된 것 같습니다. 그런데 스승님, 갑자기 왜 이런 질문을 하시는지요?

---

* 김진훈・채승일・이호근(2013), 「스포츠, 깊이 생각하다: 스승과 제자들의 대화를 통해 알아본 스포츠」, 『스포츠인류학연구』, 8(2), 1-11.

제자 2 : 저의 경우 교수님을 만나고 스포츠에 대해 생각해 본 것 같습니다. 그전에는 스포츠에 대해 철학적으로 생각해 본 적은 그리 많지 않으니까요.

스승 : 스포츠를 깊이 생각하고 싶어서 그러네. 스포츠를 전공한 것과 스포츠를 진심으로 깊이 생각하는 것은 엄연히 다른 말이지. 그런데 꼭 다르다고도 볼 수 없지. 그렇게 생각하지 않나?

제자 1 : 네, 어느 정도 공감합니다. 스포츠를 전공하는 것은 스포츠를 생각하고 스포츠가 무엇인가를 밝히는 것 아닙니까?

제자 2 : 우리가 전공으로 하는 스포츠는 관심이 있거나 이 분야로 진출하고 싶은 사람들 또는 어쩔 수 없이 전공으로 하는 사람들이 있습니다. 하지만 전공을 하지 않고 그저 관심만으로 스포츠에 대한 애정과 스포츠에 관심 있는 사람들이 있다고 생각합니다.

스승 : 그렇다고 볼 수 있지. 그러면 스포츠는 무엇이라고 생각하는가?

제자 1 : 스승님, 스포츠의 정의나 개념 말입니까?

제자 2 : 일반적으로 스포츠는 감동과 재미, 희열, 만족 등을 우리에게 전해 주는 것으로 생각합니다.

스승 : 스포츠는 무엇이라고 말하는 것 자체가 정의나 개념을 말하게 되는 것이지. 그렇지만 우리가 알고 있는, 아니

우리가 추구하는 스포츠의 개념과 정의는 사전적 의미로 모든 것을 설명할 수 있을까?

제자 1 : 그래도 사전적 의미라고 할 수 있는 기본적인 뼈대에 학자들의 견해나 작금의 상황들을 종합해서 스포츠의 정의 추구를 해야지 않습니까?

제자 2 : 모든 것을 설명할 수는 없지만, 그렇다고 해서 모든 것을 설명할 그 무엇인가도 없다고 생각합니다.

스승 : 그렇다네. 하지만 작금의 상황들이나 시대의 흐름에 맞춰 조건 없이 정의 추구만 지향한다면 그 기본 뼈대 또한 변하지 않겠는가?

제자 1 : 인간의 삶 또한 이러한 흐름에 맞춰 변화하듯이 스포츠의 정의 또한 불가피하지 않습니까?

제자 2 : 사람의 경우 뼈대는 똑같고 뚱뚱하거나 마른 정도의 차이가 있듯이, 스포츠의 정의도 뼈대는 비슷하고 그것을 감싸는 내용의 차이가 있다고 생각합니다.

스승 : 그렇지. 그렇지만 스포츠에 대한 연구와 논의가 흐름이나 유행에 치우친다면 스포츠의 정의 추구의 문제를 넘어 스포츠의 정체성과 존립의 문제에도 이상이 생기지 않을까? 또한 작금의 스포츠 하위 영역 중에서도 어느 한쪽에만 치중해서 연구되거나 논의 된다면 종합학문으로서 스포츠는 더 이상 명맥을 유지하기 힘들지 않을까?

제자 1 : 네, 맞습니다. 하지만 스포츠 하위 영역의 치중 현상은 현재진행형이면서 앞으로도 계속 진행될 것 같은데 어떻게 극복할 수 있습니까?

제자 2 : 유행에 치우쳐서도 안 되지만 어느 정도는 흐름에 따라갈 필요가 있다고 생각합니다. 스포츠는 관중에 대한 어느 정도의 쇼맨십이 필요하기 때문이죠.

스승 : 참으로 당연하고 어려운 질문이다. 그러나 우리는 이 질문이 왜 어려운지 고민해야 하지 않을까?

제자 1 : 현재의 스포츠 하위 영역 간의 문제를 스포츠인문학에서 주장하고 이론을 펼치는 것은 당연한 일이지만, 자칫 잘못하면 오해와 여러 문제를 일으킬 수 있기 때문에 그렇지 않습니까?

제자 2 : 본질보다는 외적인 면에 관심을 가지기 때문이라고 생각합니다. 축구 자체를 좋아하기보다는 축구선수를 좋아해서 축구에 관심을 가지는 것처럼 말입니다.

스승 : 그렇다고 볼 수 있다. 여기에 한 발 더 나아가 생각하면, 현재의 당면한 스포츠의 문제들과 극복 방안은 나름대로 여러 상황과 융합하여 진행되어야 한다. 그렇지만 융합이라고 하는 것은 서로가 섞이거나 조화가 되어야 하는데 하나의 학문으로 자리 잡고 전문성과 학문성을 추구하다 보니 이 또한 잘 이루어지지 않고 있다. 여기

서 다양한 문제가 형성되고 진행되고 있는데 이 내용을
알고 있느냐?

제자 1 : 네, 어느 정도 알고 있습니다. 다만 제가 생각한 내용
이 맞는 것인지 제 스스로 의문이 듭니다.

제자 2 : 현재 발생한 스포츠의 문제들이 다른 부분과 융합하다
보니 생긴 문제라고 생각합니다. 하지만 이러한 문제
를 본질의 문제에서 찾다 보니 해결 방안이나 방법들
이 이론적으로는 이해되나 현실적으로는 힘든 부분이
있어 보입니다.

스승 : 망설이지 말고 말해 보라. 지금 생각하고 있는 것이 자명
한 사실이 아니어서 그런가? 아니면 그 내용에 대한 답이
부족해서 그런가?

제자 1 : 네, 둘 다 맞습니다. 자명한 사실이 아닌 내용을 자명
하다고 진단하고 해결 방안을 모색한다는 것은 어찌
보면 더 큰 오해와 여러 문제를 양성하는 것은 아닌
지 걱정이 되어서 그렇습니다. 그래서 망설일 수밖에
없습니다.

스승 : 제자여, 나 또한 그런 시기가 있었네. 내가 공부하고 연
구한 것이 맞는 것인지 아닌지에 대한 자신에게 하는
의문과 질문들. 그래서 진정한 학자가 되는 길이 절대
쉬운 것이 아니라는 것을 이때 깨달았다. 그러므로 스포

츠를 진정한 학문으로 만들려면 더 많은 의문을 가지고 질문해야 한다. 그러니 그 망설이고 있는 내용을 어서 말해 보라.

제자 1 : 네, 알겠습니다. 그럼 국가의 발전과 학문의 흐름으로 현재의 스포츠 하위 학문의 치중 현상을 말씀드리고자 합니다. 최진석(2013)의 '현대철학자, 노자 1강'의 내용을 인용하면, 국가 성립의 초기 단계에서는 법학과 정치학이 유행하거나 발전하고, 국가 발전의 중간 단계에서는 경제학, 경영학, 신문방송학 등이 주를 이루며, 국가 성립의 발전 단계에 이르면 철학과 심리학이, 그리고 초국가의 단계가 되면 인류학이 주를 이룬다고 합니다.

여기에 스포츠학은 모 학문의 의존과 응용을 통하여 응용학문이면서 종합학문의 위치에 있습니다. 이에 우리나라의 국가 발전 단계과정을 보면 스포츠학의 위치가 어느 정도 이해가 가능합니다. 또한 스포츠학에서 자연과학 영역의 치중 현상을 설명할 수 있다고 봅니다. 우리나라의 국가 발전 단계와 학문의 관계는 중간 단계에서 발전 단계로 넘어가는 과도기에 있다고 보지만 스포츠학은 아직 명확하게 어디에 속해 있다고 볼 수 없습니다. 하지만 그래도 스포츠는 경제적인 원리와 힘의 논리에 입각하여 현재까지 발전해 왔으며, 앞으로도 이러한 상황은 계속될 것이며 스포츠학 또한 이러한 상황에서 자유롭지 못하다고 볼 수 있습니다. 이는 스포츠와 스포츠학의 영역에서 쉽게 찾아볼 수가 있습니다. 현재 문사철이라고 하는 문학, 역사, 철학은 현실과 동떨어진 학문으로 인식되어 전공자도 예전보다 지속해서 줄고 있으며, 취업에도 주목받는 영역이 되지 못하고 있습니다. 이는 인문학의 존립에 영향을 미치는 것으로 더더욱 인문학 위기를 초래하는 결과로써 인문학의 악순환을 가져오고 있으며, 스포츠와 스포츠학에서도 예외는 아니라고 봅니다. 이에 취업이 잘 되거나 사회에서 더 필요로 하는 자연과학 영역의 전공자는 갈수록 늘어나고 이에 발맞추어 학과 명칭의 변경, 교육과정의 변경 등으로 인하여 작금의 스포츠학의 치중 현상이 나타난다고 봅니다.

제자 2 : 저는 간단하게 말하자면 학자라는 사람들은 자신만의 정의가 필요하다고 생각합니다. 하지만 이것은 흔들릴 수 있습니다. 스승에 의해, 사회에 의해, 주변 인물에 의해 자신만이 가지고 있던 정의는 흔들릴 수 있습니다. 그렇다고 자신의 정의만을 줄곧 내세운다는 것은 자칫 거만과 자만의 길로 빠질 수 있습니다. 학자는 모든 것을 종합하여 자신만의 독특한 결론을 도출해 내야 한다고 생각합니다. 스포츠 학문이 발전하고 견고해지기 위해서는 다양한 의견과 자신만의 견해를 수렴해서 최적의 요소를 만들어야 한다고 생각합니다. 그래야 스포츠 학문도 더욱더 견고해진다고 생각합니다. 조건 없는 발전은 또 다른 부작용을 초래할 수 있습니다. 견고하고 단단해지는 것이 좋다고 봅니다.

스승 : 좋은 생각 잘 들었네. 스포츠의 제 영역 간의 문제와 치중 현상은 우리나라만의 문제는 아니며, 스포츠에서만 국한된 것 또한 아니라고 본다. 현재 스포츠는 사회의 작은 축소판이라고 논의되고 있으며, 하나의 문화로서 자리 잡고 있지 않은가? 이런 면에서 볼 때 스포츠에서 일어나고 있는 여러 문제는 우리 사회가 안고 있는 문제라고 생각하지 않는가? 또한 대학에서 기초학문의 위기와 스포츠인문학의 위기는 자본주의가 대학에 들어오면서 예견된 일이었지만 기초학문과 스포츠인문학에서는 제대로 대처하지 못한 것과 자생력이 부족하지는 않았는지에 대해 생각해 보았는가?

제자 1 : 네, 공감합니다. 하지만 우리 스스로 힘을 키우기도 전에 자본주의라는 큰 물결이 우리를 휩쓸지 않았는지 의문이 생깁니다.

제자 2 : 사회의 문제라고도 할 수 있지만, 저는 스포츠 학문의 중심이 흔들리기 때문이라고 생각합니다. 갈대는 흔들리지만 뽑히지는 않습니다. 스포츠 학문도 현재 흔들리고 있습니다. 하지만 뿌리째 뽑힌다면 이는 큰 문제입니다. 100퍼센트 사회의 문제라고 볼 수도 없고, 100퍼센트 스포츠 학문의 문제라고만 보기 힘든….

스승 : 모든 자연현상은 원인과 결과가 있기 마련이다. 꼭 지금

당장 나타나지 않아도 말이네. 그런데 우리는 너무 결과에만 몰두하다 보니 이러한 현상에 미처 대처하지 못하거나 제대로 된 혜안 없이 조작되거나 만들어진 결과를 아무런 비판 없이 쉽게 받아들이지 않았는가?

제자 1 : 네, 맞습니다. 사회의 작은 축소판인 스포츠가 더더욱 이러한 상황에 쉽게 노출되어 있다는 생각이 듭니다. 우리는 스포츠가 무엇인지도 제대로 이해하거나 인식하지 못한 채 스포츠를 공부하고 연구하며, 보거나 즐기고 있지 않은가 하는 생각에 잠깁니다. 그렇다면 스승님, 과연 스포츠는 무엇입니까?

제자 2 : 스포츠에 관심이 집중되면서 발생한 일이라고 생각됩니다. 하지만 결과지상주의가 많은 부작용을 초래하면서 지금은 과정을 봐야 한다는 과정지상주의가 다시 주목받고 있습니다. 문제가 생기면서 이러한 문제를 해결하려는 노력도 어느 정도 보입니다.

스승 : 다시 처음으로 돌아가서 이 질문에 대하여 논의를 해야겠구나. 모든 삶은 이상과 현실이 존재한다고 생각하지 않나? 스포츠도 예외는 아니라고 생각하네. 특히 정의 추구에 있어 스포츠의 의미, 내용, 가치, 목적, 목표, 기능 등은 현실의 세계를 충분히 적용하여 이상적인 단어들을 조합하여 이상적인 정의를 추구하지 않나? 하지만 현실은 그 이상을 따라가지 못하거나 변질, 타락, 도태

나 아니면 더 진보적인 변화로 인하여 이상과 맞지 않는 일이 흔하게 발생하지 않는가? 이것은 스포츠뿐만 아니라 모든 상황에서 쉽게 발생하고 있다. 이렇게 이상과 현실이 다른데 이상을 추구할 수밖에 없는 이유는 무엇이라고 생각하는가?

제자 1 : 스포츠는 무엇인가에 대하여 제대로 이해하려면 이상과 현실을 나눠서 생각해야 한다는 것입니까?

제자 2 : 이상과 현실을 생각하는 것… 우리가 사는 것과 비슷하네요. 이상은 높이 있지만 현실을 간과해서는 안 되고… 이상만을 좇자니 현실… 현실을 좇자니 이상이… 둘 다 만족할 만한 것….

스승 : 꼭 그렇지만은 않다. 하지만 간과해서는 안 된다는 것이며 융합적으로 생각해야 한다는 것이다. 이는 어떤 목적을 가지고 이상적인 목표나 정의가 형성되어 있지 않는다면 현실은 과연 어떻게 될 것으로 생각하나? 또한 진보적인 변화와 변질되지 않는 스포츠를 만들어 가려면 이상적인 목표나 목적이 있어야 하지 않나. 그래야 현실에서 스포츠가 변질되고 도태되었을 때 바로잡아 주거나 발전시켜 줄 수 있는 기준이나 원칙이 형성되는 것이다. 하지만 너무 이상만 추구하다가는 현실과 동떨어진 개념과 정의로 인하여 스포츠를 더더욱 변질시키는 원인으로 작용할 수도 있으니 이러한 상황들을 융합하여 정의를

추구해야 한다는 말이네.

제자 1 : 네, 이 말씀은, 즉 교육의 목표나 목적은 늘 이상적이
지만 현실은 그 목표나 목적을 완벽하게 이루지 못하
지만 그 이상과 현실을 융합적으로 이해하고 지속적
으로 정의를 추구해야 한다는 말씀이신가요?

스승 : 그렇지. 스포츠와 유사한 용어와 개념, 정의 추구에 있
어 혼용하여 쓰고 있는 단어들부터 정리를 해야 하지
않나? 하지만 스포츠의 유사 단어와 쓰임새가 계속적으
로 변화하였고, 혼용되고 있는 실정에서 스포츠에 대한
정의 추구는 쉽지 않을 것이다. 그러다 보니 학자들마다
체육과 스포츠에 대한 개념과 정의에 있어 다른 견해나
같은 분모에 다른 분자를 넣어 또 다른 용어나 정의를
추구하든가, 그 반대나 다양한 입장에서 접근하고 있지
않은가?

제자 1 : 네, 맞습니다. 그래서 무엇이 스포츠이고, 무엇이 체육
인가에 대하여 우리 스포츠인문학 전공자뿐만 아니라
하나의 문화와 그 이상의 의미와 가치가 형성된 현대
사회에서 스포츠를 논한다는 것은 많은 사람에게 쉽
지 않은 일인 것 같습니다. 그렇다면 스포츠의 정의
추구는 기본 교과서적인 내용들을 논의하고 마지막에
는 학자들마다 견해가 다르다는 결론으로 끝맺음을
맺어야 합니까?

스승 : 그렇게 말할 수밖에 없는 현실이 안타깝다. 왜 그런지 나도 충분히 이해가 간다. 그래서 더욱 스포츠를 전공하는 한 사람으로서 어깨가 무겁다. 그렇지만 우리를 사람들이 학자라고 부른다면 우리도 스포츠의 정의 추구에 있어 그 견해가 다른 학자의 일을 해야지 않겠니? 다양성이 주는 학문의 양적 팽창과 더불어 질적 하락의 길이 열린다고 해도 우리는 우리가 연구하고 공부한 스포츠의 정의를 추구해야 한다. 그게 다른 것이 아닌 틀린다고 해도…. 어떻게 생각하나, 제자여?

제자 1 : 당연한 말씀입니다. 그렇다면 다시 돌아가 스포츠가 무엇인가에 대하여 말씀해 주십시오.

제자 2 : 저도 정의와 본질을 추구하도록 노력하겠습니다. 그리고 저에게 제자가 생긴다면 이들에게도 본질을 잊지 말라고 말해 주고 싶네요. 어디까지나 본질을 잊어서 발생한 문제들이니까요.

스승 : 스포츠가 무엇인가를 논할 때 항상 등장하는 단어가 놀이, 게임, 체육이 아닌가. 이 단어들에 대하여 먼저 스포츠와 어떠한 관계가 있는가와 각 단어의 의미와 가치는 무엇인가에 대하여 충분한 논의가 있어야 하며 이해되어야 한다. 그럼 놀이에 대한 개념을 무엇이라고 생각하는가? 그렇다, 놀이는 재미를 추구한다. 우리는 놀이, 게임, 체육, 스포츠를 각기 다른 관점에서 생각할 필요가 있으

며, 가장 처음으로 돌아가 끝없는 질문으로 발전해야 하며, 뿌리가 흔들리지 않도록 본질과 정의를 추구하여 견고하게 해야 할 필요가 있다. 우리 학자들은 이것을 지키고, 보존시켜야 될 의무가 있고 이것에 대한 자부심과 자긍심이 있어야 하는 거라네. 부디 흔들리지 말고 노력해 주게.

제자 1 : 네, 스승님의 말씀 깊이 세기며 학자로서 최선을 다하도록 하겠습니다. 감사합니다.

제자 2 : 저도 동감하며, 스승님과의 대화는 언제나 흥미 있고 저에게 새로운 깨달음을 주는 것 같습니다. 존경하며 감사합니다.

03

놀이, 게임, 체육, 스포츠

스포츠의 존재에 대하여 논의할 때 놀이, 게임, 체육에 대한 용어들은 중요하게 다뤄진다. 그만큼 스포츠라는 용어의 쓰임에 있어 놀이, 게임, 체육과의 관계에 있어 기본적이면서 심도 있게 다뤄 줘야 하기 때문이다. 이 장에서는 놀이, 게임, 체육, 스포츠가 무엇이며, 어떠한 관계가 있는지에 대하여 살펴보고자 하였다.

스승 : 오늘은 스포츠의 본질에 대하여 더 깊게 이야기해 보자.

제자 : 네, 스포츠의 본질은 개념이나 정의 추구로 쉽게 이해하기가 힘든 것 같습니다.

스승 : 스포츠의 본질 연구에서 개념이나 정의 추구에 국한하는 것은 스포츠 본래의 성질을 명사화하는 것으로 시대의 흐름이나 상황에 따라 변화하는 것을 막을 수 있다. 그래서 우리는 끊임없이 스포츠가 무엇인가에 대하여 질문

과 함께 답을 찾고자 노력해야 하며, 그 본질 또한 무엇인가에 대해서도 그러하다.

제자 : 네, 스포츠를 개념화하는 것은 필요한 일이지만 지속적인 개념화와 사고가 없으면 명사로 굳어 버려 낡은 개념으로 치우쳐진다는 이야기인지요?

스승 : 그렇다. 학자나 전문가들은 모든 단어와 이론들을 명사화하여 그것을 중요한 개념이나 신념, 가치관 등으로 여기고 틀로 묶어 벗어나는 일들을 싫어한다. 그러면 어떻게 될 것 같은가?

제자 : 학문의 다양성과 함께 시대의 흐름에 맞는 개념이나 정의 추구가 이루어지지 않아 학문의 발전보다는 도태될 것으로 생각됩니다.

스승 : 그래. 그래서 스포츠의 개념과 정의 추구는 시대에 따라 다르고 학자나 전문가들에 따라 다를 수밖에 없다. 그렇다면 현재 스포츠와 유사한 용어들은 무엇이 있느냐?

제자 : 놀이, 게임, 체육, 보건, 체조, 무용, 레크리에이션, 운동, 운동경기 등이 있습니다. 특히 체육과 스포츠는 현재 혼용해서 사용하고 있어 무엇이 체육이고, 스포츠인지 체육학을 전공한 사람들도 잘 구별하거나 개념화하지 못하는 것 같습니다.

스승 : 체육과 스포츠에 대한 이야기는 점차 하기로 하고 다른

유사한 단어들에 대하여 정의할 수 있겠느냐?

제자 : 네, 놀이라는 일반적인 개념과 스포츠 영역에서 정의하는 놀이는 매우 중요하기 때문에 다른 용어부터 이야기해도 되겠습니까?

스승 : 그래. 놀이, 게임, 체육, 스포츠는 스포츠 영역에서 정의한다는 것은 독립적인 것이 아닌 유기적으로 정의되기 때문에 그렇게 하자꾸나.

제자 : 그러면 보건부터 이야기하면, 사전적 의미로 "건강을 지키고 유지하는 일"(다음한국어사전, 2020)이라고 합니다. 스포츠와 건강은 불가분의 관계에 있으므로 보건이라는 개념을 통해 스포츠와 유사한 단어라고 이야기했습니다.

스승 : 보건이라는 단어는 현재 어떠한 기관을 상징하고 있어 스포츠의 영역의 개념과 정의에서는 그렇게 크게 다루고 있지 않고 있는 것이 현실인데, 잘 이야기했구나. 그러면 보건과 스포츠의 관계를 더 이야기해 보렴.

제자 : 네, 보건이라는 용어의 쓰임은 초, 중, 고등학교 체육 교과서의 한 부분을 차지하고 있지만 실제 보건이라는 수업을 잘 받고 진행되고 있는지는 현실적으로 의문이 듭니다. 그렇지만 사회에서 보건은 하나의 국가 공공기관으로서 보건소가 있고, 국민 건강을 지키고 유지하기 위해서 많은 일을 하고 있으며, 스포츠의 영역으로 운동처

방과 함께 국민 체력과 건강 증진 활동을 해오고 있습니다. 그래서 스포츠의 관점에서 보건이라는 단어의 개념, 가치 등을 꾸준히 정의 추구해야 한다고 생각합니다.

스승 : 스포츠의 학문 분야 중에서 현재 가장 인기 있는 분야 또한 자연과학 영역의 운동처방 쪽이고 이를 보건소나 국민체력인증센터와 함께 꾸준히 발전시키고 있어 보건에 대한 최소한의 개념과 가치에 대한 이해가 필요하다고 볼 수 있다. 그럼 다른 용어에 대하여 이야기해 보렴.

제자 : 다음으로 스포츠와 유사한 단어는 체조입니다. 체조의 사전적 의미는 "신체의 근력, 유연성, 민첩성, 몸의 관리, 신체적인 조절 등을 증진시키기 위한 운동이다"(다음백과사전, 2020). 그리고 체조는 "신체의 고른 발육과 건강의 증진을 위하여 맨손 또는 기구를 사용하여 실시하는 과학적인 신체운동"(한국민족문화대백과사전, 2020)이라고 합니다. 대학에서 이 주제를 가지고 강의할 때 학생들에게 정의만 보여주고 무슨 단어를 이야기하는 것이냐고 물어보면 체조라는 답이 쉽게 나오지 않습니다. 그리고 체조라고 알려주면 우리가 알던 체조의 의미가 이것이야? 하는 반응을 보입니다.

스승 : 학생들이 왜 그러한 반응을 보인다고 생각하느냐?

제자 : 체조라는 단어는 체육학을 전공하는 학생들에게는 하나의 교과목이자 체육과 스포츠와 함께 항상 존재해 왔기

때문에 우리가 체육과 스포츠를 알지만 그 개념과 본질에 대한 논의에 있어 이해와 인식을 잘못하는 것과 같다고 볼 수 있습니다.

스승 : 우리나라에서의 체조는 스포츠의 경기적인 요소뿐만 아니라 교육적·학문적·역사적인 의미와 가치를 형성하고 있지. 그리고 체육과 스포츠보다 앞서서 도입, 보급되었기 때문에 체조의 정의는 단지 현재 스포츠와 유사한 용어로만 논의하는 것은 부족한 면이 많이 있다. 혹시 체조의 또 다른 정의가 있느냐?

제자 : "체조는 신체 단련과 균형을 위한 스포츠의 일종이다. 체조는 건강을 유지 또는 증진하고 나아가 체력을 향상시킬 수 있는 전신 운동으로, 크게 나누어 맨손체조와 기계체조, 그리고 리듬체조가 있다. 체조는 노동이나 스포츠로 말미암아 생긴 근육의 긴장을 풀어 주거나 물질대사를 왕성하게 하는 등 그 효과가 매우 크다"(위키백과사전, 2020)고 사전적으로 정의되고 있습니다.

스승 : 이 사전적 의미 또한 현재의 스포츠와 유사하거나 스포츠에 속하는 용어로 정의하고 있다. 그만큼 체조가 우리 사회와 스포츠의 영역에서 그 의미와 가치가 점점 작아지거나 기본적인 의미에서만 정의되고 있다는 것이겠지. 단어의 쓰임은 시대의 흐름이나 상황에 따라 변하고 있으니 우리도 이러한 상황에 맞게 제대로 개념화하고 정

의 추구를 해야지 않겠느냐? 그러면 다른 용어도 이야기 해 보렴.

제자 : 네, 체조의 의미와 가치 또한 우리 사회와 체육 계열에 서도 작아지고 있음을 학교의 교육과정을 통해서 실감이 됩니다. 그러기 때문에 체조의 용어에 대한 개념과 정의 추구에 대한 논의가 계속 이어져야 할 것이고, 그 논의 에는 역사적·교육적·학문적 스포츠의 경기적인 요소들 이 포함되어야 한다고 생각합니다. 스포츠와 유사한 다 른 용어는 무용입니다. 무용은 하나의 학문체계를 형성 하여 대학에서 연구되고 있어 그 정의는 현재 통용되고 있는 사전적 의미로만 말씀드리겠습니다.

스승 : 무용이라는 용어도 체조와 마찬가지로 정의의 내용만으 로 퀴즈를 내면 학생들이 무용이라고 쉽게 답을 하느냐?

제자 : 아닙니다. 체조와 마찬가지입니다. 무용의 문제는 "음악 이나 박자에 맞추어 역동적인 움직임으로 감정과 의지를 표현하는 행위 예술"(다음한국어사전, 2020)은 무엇인가 에 대하여 질문합니다. 그러면 보통 답을 체조라고 하는 경우가 많았습니다. 어떻게 보면 체조와 무용은 스포츠 와 유사한 단어기도 하지만 체조와 무용 두 용어의 관 계가 유기적이라 그렇게 답을 한다고 생각됩니다. 그리 고 음악이나 박자에 맞춘다는 내용을 빼서 인간의 내재 적 감정이나 사상을 표현하는 예술이자 신체 활동은 무

엇이냐고 하면 더더욱 무용이라고 답을 못 하는 것 같습니다.

스승 : 전반적으로 무용의 정의는 예술적인 측면을 기술하고자 하며, 인간의 감정에 대한 비언어적인 표현과 소통에 대하여 개념화하고 있지. 그래서 무용에 대한 정의가 스포츠의 관점으로만 생각하면 쉽게 답을 못 할 수밖에 없지 않겠는가?

제자 : 네, 맞습니다. 특히 체육과 스포츠는 경쟁, 탁월함, 신체 단련, 신체 활동, 신체의 움직임에 대한 의미와 가치들로 정의되고, 그 개념이 체육학을 전공하는 사람들에게는 명사화되어 무용의 사전적 의미처럼 신체 활동이 들어가도 예술이나 감정의 표현이라는 내용이 포함되면 무용이라는 답을 찾는 것이 어려운 것 같습니다.

스승 : 무용에 대한 또 다른 정의가 있는가?

제자 : 무용의 영어 번역은 dance로 되어 있기 때문에 무용에 대한 개념이 dance로도 정의되고 있습니다. 무용의 또 다른 사전적 의미로 춤은 "몸을 통해 무언가를 표현하는 예술의 한 종류이다. 사회적 상호작용 또는 표현의 수단으로 이용되기도 하며, 영적인 의식 또는 공연 등에도 춤이 이용된다. 예술의 관점에서는 미적(美的) 정서를 리듬에 맞춰 신체로 표현하는 공연예술이다. 음악 또는 박자에 맞춰 몸을 움직이는 예술적 행위이다. 춤에 음악이

꼭 필요한 것은 아니다. 음악이 꼭 있어야 리듬에 맞추거나 리듬을 탈 수 있는 것은 아니다. 그리고 춤은 또한 사람이나 동물 사이(예: 벌의 춤)의 비언어적 의사소통의 방식을 말하는 데에도 쓰이기도 한다. 춤은 개인적인 언어표현이기도 하다"(위키백과사전, 2020)라고 되어 있습니다.

스승 : 무용이라는 단어와 춤이라는 단어의 정의는 완전히 동일하지 않지만 영어 번역인 dance로 인하여 개념과 정의 추구에 있어 혼용될 수 있겠구나. 무용과 춤의 관계는 무용이 더 큰 의미를 지니고 있으며, 무용은 다시 스포츠의 영역으로 다뤄지거나 독자적인 영역으로 위치하고 있으며, 스포츠의 유사한 단어이자 밀접한 관계를 형성하고 있다. 다음은 어떠한 용어에 대해서 이야기해 보겠는가?

제자 : 레크리에이션입니다.

스승 : 레크리에이션 또한 사전적 의미와 우리가 인식하고 있는 정의는 사뭇 다른 것 같은데, 레크리에이션의 개념은 무엇인가?

제자 : 레크리에이션은 "일이나 공부 등에 의한 피로를 풀고 정신적·육체적으로 새로운 힘을 북돋우기 위하여 개인 또는 집단으로 오락이나 여가를 즐기는 일"(다음백과사전, 2020)이라고 합니다. 또한 다른 사전적 의미의 레크리에이션(Recreation)은 "한 사람의 몸과 마음의 기분을 상쾌하게 하는 방식으로 시간을 사용하는 것을 말한다. 여가가 엔터테인먼트나 휴식의 형식일 경우가 많지만, 레크

리에이션은 참여자에게 적극적이면서도 기분을 푸는 방식이다. 기분 전환, 휴양, 보양, 장기자랑이라고도 한다"(위키백과사전, 2020). 이렇듯 레크리에이션 정의에서 가장 큰 특징은 여가라고 할 수 있습니다.

스승 : 여가에서 행해지는 건설적이고 창의적인 활동으로 심신의 피로를 풀고 새로운 힘을 북돋우기 위한 것이 레크리에이션 개념의 그 특질이라고 할 수 있다. 그러면 이러한 레크리에이션 개념이 장기자랑으로만 인식되는 이유가 무엇이라고 생각하느냐?

제자 : 저도 체육학을 전공하면서부터 레크리에이션의 개념에 대한 인식이 바뀌었습니다. 그전까지는 학교, 기업 그리고 각종 행사 등에서 시간을 정해 놓고 행해지는 것으로, 어떤 이에게는 기쁨의 시간이고 어떤 이에게는 고통의 시간으로 알고 있었습니다. 이는 레크리에이션 활동들에서 적극적으로 참여하는 사람들도 있는 반면에 그렇지 않은 사람들도 있으며, 레크리에이션을 진행하는 사람(강사)의 능력에 따라 그 시간이 즐겁거나 그렇지 않을 수도 있기 때문입니다. 이러한 경험들은 레크리에이션의 개념과 본질에 대한 인식으로 작용하여 체육학을 전공하기 전까지 형성되었습니다. 이에 위와 같은 인식들을 가진 여러 다양한 사람들이 레크리에이션을 단지 장기자랑 시간이나 행사에서 빠질 수 없는 감초 역할을 하는 것으로 받아들이고 일반화시키지 않았나 생각됩니다.

스승 : 그것도 하나의 원인이 될 수 있을 것이다. 그렇지만 이러한 현상들이 생기는 이유는 레크리에이션의 기본 개념과 특질들을 보지 않고 겉으로 보이는 일들을 쉽게 수용하고 그것을 본질로 착각하기 때문이다. 그것은 누구의 잘못은 아니지만 이러한 현상들에 대하여 꾸준히 논의하고 연구해야 하는 우리들의 문제이며, 과제이기도 하다.

제자 : 네, 저 또한 레크리에이션에 대한 잘못된 인식과 편견들에 대하여 반성하고 더 많은 논의와 연구를 해야겠습니다.

스승 : 스포츠와 유사한 용어 중에 이번에는 무엇이냐?

제자 : 네, 운동입니다.

스승 : 운동 또한 스포츠와 혼용해서 사용하기도 하고 선수들을 운동선수나 스포츠선수라고도 하고 있지. 그럼 운동의 정의에 대하여 말해 보게나.

제자 : "스포츠 영역에서의 운동의 기본 의미는 건강의 유지나 증진을 목적으로 몸을 움직이는 일이며, 운동경기에서의 의미는 일정한 규칙에 따라 신체의 기술과 기량을 겨루어 승부를 가리는 육체 활동"(다음한국어사전, 2020)으로 정의되고 있습니다.

스승 : 운동의 개념은 복잡하지 않지만, 스포츠와 함께 우리 사회에서 혼용해서 사용되다 보니 운동과 스포츠가 하나의 용어로 인식되기도 한다. 이러한 사례가 있느냐?

제자 : 운동과 스포츠가 혼용되어 사용되는 용어는 많이 있습니다. 저는 배구를 좋아합니다. 가끔 사람들이 저한테 어떤 운동을 좋아하느냐고 묻는 경우가 많습니다. 그리고 어떤 스포츠를 좋아하느냐고 묻는 경우도 많습니다. 대답은 둘 다 배구라고 합니다. 이러한 비슷한 상황들은 제가 체육을 전공하면서 더욱 많이 발생하고 있고, 여기서 이러한 질문을 하는 사람들은 체육을 전공하거나 그렇지 않은 사람들도 있습니다.

스승 : 운동경기라는 것은 스포츠라는 용어가 생기기 전부터 행해졌고, 운동경기를 스포츠라고 개념화하거나 사용한 것은 그리 오래되지 않았다. 그렇지만 우리는 너의 사례처럼 운동이라고 해도 되고, 스포츠라고 해도 되는 세상에서 언제부터인가 스포츠라고 이야기하는 경우가 더 많아지게 된 것이다. 그래서 모든 단어들은 그 쓰임과 사용에 따라 그 개념과 가치가 커지기도 하고 작아지다가 없어지기도 하지. 운동과 스포츠의 쓰임과 개념, 그리고 가치들은 이제 스포츠의 사용이 늘어나고 커짐에 따라 둘의 관계 또한 그렇게 되고 있다. 그러면 운동과 스포츠의 관계가 어떻게 될 것 같은가?

제자 : 운동은 건강과 신체 활동이라는 특질을 가지고 행해지는 의미로 스포츠와 비교하면 신체 활동에서의 협의적인 의미로 유산소운동, 무산소운동, 운동경기 등 신체 단련과도 연관이 있는 것으로 통용되지만 스포츠는 이러한 운

동에 속해 있기도 하지만 광의적인 의미로 더 다양하고 폭넓게 해석되고 있어 스포츠가 운동과의 관계에서 더 많은 개념과 가치를 형성할 것으로 생각됩니다.

스승 : 이제는 스포츠와 유사한 용어 중에서 스포츠의 본질에 한층 더 가까워지게 하는 놀이, 게임, 체육, 스포츠에 대하여 알아보도록 하자.

제자 : 놀이의 사전적 의미는 "인간의 모든 신체적·정신적 활동 가운데 생존과 관련된 활동을 제외한 것으로 보통 일과 대립되는 개념으로 쓰인다. 놀이는 강제성이 없는 자발적 참여를 특징으로 하고 보상을 전제로 하지 않으며 재미나 만족 그 자체를 목적으로 한다. 원시 농경사회에서는 일과 놀이가 일치했지만, 현대 산업사회에서는 놀이를 일과 다른 별개의 유희로 여긴다. 유년기에 놀이 활동은 아이들의 지능발달과 사회화 훈련에 중요할 뿐만 아니라 신체 발달에도 중요한 역할을 한다. 아동 놀이로는 공놀이·연날리기·숨바꼭질·썰매놀이·고무줄놀이 등 많은 종류가 있다. 반면, 성인에게 놀이는 피로를 풀며 일상생활이나 일에서 생기는 스트레스를 해소하고 기분을 전환하는 데 중요한 역할을 한다. 성인 놀이에는 장기·바둑과 같은 취미 활동과 스포츠·도박 등이 포함된다"(다음백과사전, 2020)고 되어 있습니다.

스승 : 지금까지 살펴본 스포츠와 유사한 용어 중에서 놀이는

다른 용어(보건, 체조, 무용, 레크리에이션, 운동 등)와 스포츠와의 관계에서 다르게 위치하고 있다. 즉, 스포츠가 놀이의 한 영역이자, 놀이가 발전하면서 스포츠가 형성되었다는 것이다. 그리고 스포츠의 본질을 논의할 때 중요하게 탐구되는 것 또한 놀이의 개념과 그 특징이다. 앞서 말한 놀이의 개념에서 중요한 특징은 자발성, 유희활동, 규칙이 없는 허구적·분리적·전래적·비생산적·쾌락적 성격을 지니고 있다. 그러면 여기에 더하여 놀이를 구성하는 요소에 대하여 알고 있는가?

제자 : "첫째, 경쟁(아곤, Agon)으로 상대를 이기기 위한 경기나 시합이며, 예를 들면 축구, 농구 등입니다. 둘째, 우연(알레아, Alea)으로 요행을 바라며 하는 놀이이며, 예들 들면 주사위 게임입니다. 셋째, 모방(미미크리, Mimicry)으로 특정 누군가를 흉내 내는 놀이이며, 예를 들면 역할놀이입니다. 마지막으로 현기증(일링크스, Ilinx)으로 자신의 내부 기관의 혼란과 착란의 상태를 일으키면서 하는 놀이이며, 예를 들면 놀이기구"(위키백과사전, 2020)입니다. 교수님께서 말씀하신 놀이의 특징에 대해, 놀이에서는 이와 같은 4가지 요소를 지니고 있으며, 많은 학자가 놀이와 스포츠를 탐구할 때 놀이의 4가지 요소를 가지고 많은 논의를 하고 있습니다.

스승 : 스포츠의 본질을 이야기할 때 놀이의 개념, 특징, 요소 등은 본질에 관한 것으로 스포츠의 본질과도 밀접한 관

련이 많으니 스포츠에서 놀이에 대한 연구들이 필요한 것
이고, 많아질 수밖에 없겠지. 그리고 놀이와 인간의 본성
과도 연결해서 이야기하는 학자와 연구들도 있지 않느냐?

제자 : "'노는 인간' 또는 '놀이하는 인간'이다. 요한 하위징아(Johan
Huizinga, 1872~1945)는 1938년에 출간한 『호모 루덴스』에
서 놀이는 문화의 한 요소가 아니라 문화 그 자체가 놀이
의 성격을 가지고 있다고 역설했다. 그는 "지금보다 더
행복한 시절에 우리는 우리 종족을 '생각하는 인간(Homo
Sapiens)'이라고 부른 적이 있었다"며 "그러나 시간이 지
나면서 이성을 숭배하고 낙관주의를 고지식하게 좇았던
18세기처럼 우리를 그렇게 이성적이라고 믿을 수는 없게
되었다"고 주장했다(J. 하위징아, 김윤수 옮김, 1938/1981).
로제 카유아(Roger Caillois, 1913~1978)는 20년 후인
1958년에 출간한 『놀이와 인간』에서 하위징아가 놀이 분
류의 기본 범주로 '경쟁'과 '모의'를 제시한 것에 '운'과
'현기증'이라는 두 가지 범주를 추가했다. '운'의 대표적
놀이는 도박, '현기증'의 대표적 놀이는 회전·낙하운동과
공중서커스 등"(로제 카이와, 이상률 옮김, 1958/1994)이
라고 되어 있습니다.

스승 : 이 두 학자의 연구는 인간과 놀이, 그리고 스포츠와 문화
에 지대한 영향을 미쳤다고 할 수 있지. 그래서 놀이의
개념을 이야기할 때 꼭 나오는 것이 인간은 호모 루덴스
라는 것이다. 스포츠도 하나의 문화이기 때문에 인간과

놀이를 연관 지어 논의할 때 인용을 많이 하고 있지 않은가?

제자 : 네, 스포츠의 주체도 인간이고, 놀이의 주체도 인간이며, 문화의 주체도 인간입니다. 그래서 인간과 놀이, 문화, 그리고 스포츠는 불가분의 관계라고 할 수 있습니다. 인간의 본질을 놀이와 스포츠의 본질로 연구하는 것이 전혀 이상하지 않으며, 스포츠의 관점으로 본다면 놀이하는 인간의 개념과 가치가 우리 사회에 더 필요하다고 볼 수 있습니다.

스승 : 우리 사회가 발전하면서 놀이라는 개념과 가치도 발전하게 되었는데, 그것을 우리는 게임이라고 한다. 그러면 게임에 대한 정의는 어떻게 되어 있는가?

제자 : "일반적으로 기분전환이나 유흥을 위한 제반 활동이 포함되며, 흔히 경쟁이나 시합을 수반한다. 카드 게임이나 화투는 성인들 사이에서 가장 일반적으로 즐기는 게임이다. 어린이 게임에는 주로 어린이용의 매우 다양한 오락 및 소일거리가 포함된다"(다음백과사전, 2020)고 되어 있습니다.

스승 : 게임은 놀이와 마찬가지로 허구성, 분리성, 비생산성, 쾌락성 등을 특징으로 일정한 규칙과 기준으로 한 경쟁적 활동으로 놀이의 한 형태이다.

제자 : 그렇다면 게임은 놀이의 기본 특성에 일정한 규칙으로 이루어지는 경쟁적 활동이 기본 개념이자 본질이라고 말할 수 있겠네요.

스승 : "게임(Game), 겨루기, 또는 경기(競技), 시합(試合)은 일정한 규칙에 따라 승부를 겨루거나 즐기는 놀이"(위키백과사전, 2020)라고 하고 있는데 게임에는 이처럼 유사한 용어(겨루기, 경기, 시합)들이 존재하고 있으며, 정의 또한 통일되어 있지 않아 게임의 기본 개념과 본질에 대하여 인지하고 있으면 될 것 같구나.

제자 : 네, 알겠습니다.

스승 : 다음은 스포츠와 유사한 용어 중에 체육으로 그 정의에 대하여 이야기해 주렴.

제자 : 체육도 놀이나 게임과 마찬가지로 공통된 정의는 아직 없습니다. 그래서 현재 통용되고 있는 사전적 의미를 보면 체육은 "일정한 운동을 통해 신체를 튼튼하게 단련시키는 일, 그리고 신체의 건강을 유지하고 체력 향상을 꾀하여 건강한 생활을 영위하도록 할 것을 가르치는 교과목"(다음한국어사전, 2020)으로 일반적인 체육과 교과목으로써의 체육으로 나뉘어서 정의되고 있습니다.

스승 : 한때 체육은 스포츠와 유사한 용어들을 대표하는 개념이었지만 스포츠라는 용어와 쓰임이 혼용되거나 대체되면

서 점점 그 개념과 정의 추구에 있어 줄어들고 있다고 볼 수 있다. 체육과 유사한 용어들의 변천은 체육도 마찬가지이며, 교육적인 측면이 강조되고 있다. 체육 개념의 변천이 어떻게 이루어졌는지 이야기해 주렴.

제자 : 네, 체육 개념의 변천을 크게 신체의 교육, 신체를 통한 교육, 움직임 교육, 스포츠 교육으로 구분하고 있습니다.

스승 : 그렇다면 각 개념의 변천은 어떻게 되는가?

제자 : 체육(Physical Education)이란 용어를 사용하기 시작한 것은 19세기 중반이었고, 그 이전에는 체조(Gymnastics), 신체 육성(Physical Culture), 신체 단련(Physical Training)이라는 용어가 사용되었습니다. 20세기에 들어서 체육은 미국 체육학계의 지배적인 용어가 되었으며 처음의 개념은 신체의 교육(Education of the Physical)이었으나 진보주의 교육의 영향으로 신체를 통한 교육(Education through the Physical)이라는 개념으로 변화시켜 학교에 정규 교과목으로 자리매김을 하여 전 세계로 확산되었습니다. 그리고 20세기 중반 이후 체육학문화 운동이 일어 교육적인 성향이 강했던 체육을 학문적 성격의 휴먼 무브먼트(Human Movement)와 교육적 성격의 움직임 교육(Movement Education)이라는 용어와 개념으로 대체하려고 했으나 실패하고 운동(Exercise), 건강(Health), 레크리에이션(Recreation) 등의 대체 용어와 개념들도 등장하였

습니다. 그러나 1980년대 이후 스포츠(Sport)라는 용어와 개념이 등장하면서 체육을 대체하고자 하였으나 아직은 때가 아니었습니다. 하지만 놀이 교육에 기반을 두고 스포츠 교육(Sport Education)으로 탈바꿈한 스포츠가 1980년대 중반 이후부터는 체육을 대체하기 시작했으며, 21세기 들어서는 스포츠란 용어와 개념의 사용이 체육을 능가하고 있으며, 앞으로는 체육을 대신하여 스포츠란 용어와 개념이 우리 체육학계의 미래를 지배할 것으로 전망됩니다. 즉, 한국에서는 체육(體育)이라는 용어와 개념이 사용된 것은 1900년대 초로 볼 수 있으며 주로 일제강점기 때 사용되었고, 그 이전에는 체조(體操), 운동(運動), 체양(體養), 신체교육(身體敎育)이라는 용어와 개념으로 사용되었습니다. 물론 이때까지도 개념은 신체의 교육이었습니다. 그리고 광복 이후에 이 체육은 신체육(New Physical Education)이라는 신체를 통한 교육 개념을 받아들여 아직까지도 우리 한국 체육학계의 지배적인 용어로 사용되어 오고 있습니다. 그러나 한국에서도 1991년대 중반 이후 스포츠라는 용어와 개념이 성장하면서 체육이라는 용어와 개념을 관련 학회와 교과목에서 명칭을 체육에서 스포츠로 변경하고 있으며, 아직까지는 한국에서 체육이라는 용어와 개념이 일반화되고 대중화되어 지배적으로 사용되고 있지만, 곧 한국 체육학계에서도 스포츠가 체육의 대체 용어와 개념으로서 지배적인 위치를 차지할 것으로 전망됩니다(신현규, 2006).

스승 : 체육 개념이 변천하는 것은 시대의 흐름과 함께 형성된 철학적 사상들이 영향을 미쳤기 때문이며, 체육 개념과 정의 추구에 있어서도 교육적인 측면, 학문적인 측면, 통합적인 측면에 따라 다르게 형성되고 있다.

제자 : 체육의 정의를 교육적인 측면의 정의와 학문적인 측면의 정의, 그리고 체육의 통합적 정의들은 시대의 상황과 학자에 따라 다르게 정의될 수밖에 없으며, 우리는 이 체육의 정의에 대하여 특징과 본질에 대하여 지속적으로 논의하고 추구하는 것이 체육의 전반적인 발전에 도움이 될 것 같습니다.

스승 : 시대가 변하면서 체육의 개념도 변하고, 체육을 대체할 수 있는 다른 무엇인가가 계속해서 형성되고 있어서 우리의 역할은 체육에 대한 비판적 사고와 지적 호기심을 지속적으로 발휘하는 것이라고 할 수 있다. 그러면 이제 스포츠의 정의에 대하여 이야기해 보자. 스포츠의 정의 또한 다른 유사한 단어들과 마찬가지로 여러 다양한 개념을 가지고 있으니 사전적 의미에 대하여 말해 보렴.

제자 : 네, 스포츠의 사전적 의미로 "스포츠(Sports)는 일정한 규칙에 따라 겨루기 위한 활동으로 신체 활동을 비롯하여 도구 혹은 동물의 힘을 빌려 하는 여러 운동과 게임이 포함된다. 스포츠는 영어에서 온 외래어로 본래 여가를 뜻하는 옛 프랑스어 **desport**에서 유래한 단어이다. 대한

민국에서는 운동경기(運動競技)라고 불리기도 한다"(위키
백과사전, 2020)고 정의되고 있습니다.

스승 : 스포츠(Sports)에 대한 정의이구나. 그러면 스포츠(Sport)
의 정의는 어떻게 되느냐?

제자 : 아직 스포츠(Sport)에 대한 사전적 의미를 찾을 수가 없
습니다. 그래서 제가 생각하는 스포츠(Sport)의 정의는 스
포츠(Sports)의 정의(운동경기)를 포함하고 놀이, 게임, 운
동, 체육, 여가, 레크리에이션, 교육, 문화 등의 신체 활
동과 신체의 움직임들을 모두 포함한 광의적인 의미로
정의하고자 하며, 스포츠(Sports)는 협의적인 의미로 정
의하고자 합니다.

스승 : 영어로 스포츠(Sports)와 스포츠(Sport)는 같은 발음을 하
지만 그 개념과 정의는 다르다. 그리고 우리 사회에서 널
리 사용되는 단어는 스포츠(Sports)이다. 이는 영문 표기
상 -s는 복수형으로 스포츠(Sports)가 넓은 의미이고 스
포츠(Sport)는 단수형으로 좁은 의미로 잘못 사용되고
있다는 것을 혼돈하는 경우가 종종 있다. 이런 사례가
있느냐?

제자 : 스포츠의 개념에 대하여 강의할 때 학생들에게 현재 스
포츠의 종목(야구, 축구, 배구, 농구, 골프 등)을 정의하
는 용어로 스포츠(Sports)이고 위에서 언급한 것처럼 광
의적인 개념으로 사용되는 용어는 스포츠(Sport)라고 이

야기하면 대부분의 학생들이 반대로 이해하고 있는 경우가 많습니다. 이는 영문 표기상의 문제이기도 하지만 전반적으로 스포츠에 대한 어원에 대한 인식 부족과 우리 사회에서 스포츠(Sports)의 사용이 더 많다 보니 그렇다고 생각합니다.

스승 : 우리 사회에서도 스포츠(Sport)는 단어의 사용보다는 스포츠(Sports) 용어의 표현이 더 많이 있지. 그러면 스포츠의 어원에 대하여 이야기해 줄 수 있니?

제자 : 네, 스포츠라는 용어가 우리나라에 언제부터 도입되어 사용되었는지는 아직 명확하지 않지만 보통 19세기 후반으로 보는 견해가 많습니다. 이 당시에 우리나라에 도입된 스포츠란 용어는 체육이란 용어와 혼용되었습니다. 우리나라에서는 명사 Sport와 복수 개념인 Sports가 구분되지 않고 스포츠란 외래어로서 정착되어 버렸다고 합니다. 스포츠의 어원은 '운반하다, 들고 가다'라는 의미를 지닌 Desportare에서 유래한 것이며, 이것이 '기분전환'을 의미하는 동사 Deporter나 Desporter로 변화하여 Desport가 만들어졌습니다. 이 Desport가 11세기경 영국으로 들어가서 Disport로 변형되었으며, 16세기경에 와서 어두가 소실된 Sport라는 영어로 되었습니다. 이 Sport란 용어는 영국으로부터 미국, 독일, 프랑스 등 세계 여러 나라로 퍼져 나가게 되었으며, 19세기 말 기독교 선교사들에 의해 우리나라에도 소개된 것으로 보고 있습니다.

스승 : 체육과 스포츠를 비교하고 논의하기 위해서는 먼저 체육이 무엇인지와 스포츠가 무엇인지에 대한 개념과 정의 추구가 이루어져야 제대로 된 탐구가 될 것이다. 그래서 놀이, 게임, 체육, 스포츠에 대한 전반적인 개념을 위해서 현재 통용되고 있는 스포츠와 유사한 용어들도 살펴본 것이다. 스포츠는 이제 교육의 한 분야로 인정되고 있는 체육보다는 하나의 문화적인 형태로 인식되어 있어 다양하고 폭넓게 논해야 할 것 같다.

제자 : 네, 스포츠를 더 이해하기 위해서는 어원, 정의, 개념, 가치, 본질 등과 함께 스포츠 성격의 분류로 아마추어 스포츠, 프로스포츠에 대한 논의와 함께 스포츠맨십에 대한 탐구도 필요하다고 생각합니다.

스승 : 이 장에서는 스포츠의 존재론적 접근과 형이상학적인 논의를 하였다. 앞으로는 스포츠에 대한 인식론, 가치론 그리고 현상학적인 논의를 계속하려고 한다. 계속 이야기해 줄 수 있느냐?

제자 : 네, 교수님. 저 또한 이 시간이 소중하고 행복합니다.

스승 : 나 또한 너무 행복한 시간이었다. 고맙다, 제자여.

제자 : 감사합니다, 교수님.

제 2 부

·
·
·

인식론

01
체육학이란

　체육학을 전공한 사람들에게 많이 듣는 질문 중의 하나가 전공이 무엇이냐는 것이다. 이러한 질문은 대게 고등교육을 마친 대부분 사람이 받는 질문 중의 하나일 것이다. 그래도 체육학을 전공한 사람들에게 이 대답은 여간 힘든 것이 아니다. 이는 체육학에 대한 이해와 인식의 부족으로 질문과 대답이 맞지 않기 때문이다. 체육학을 전공하였는데 무슨 운동과 무슨 스포츠를 했느냐고 물어보는 것이기 때문에 대답은 "스포츠철학입니다"라고 하면 당연히 소통의 문제가 발생하는 것이다. 체육학을 전공한 사람이니 그 대답은 틀리지 않았는데 질문한 사람들은 자기가 원하는 답이 나오지 않으니 질문을 더 하게 된다. "체육도 그런 것이 있나요? 무슨 운동을 했는지 궁금해서요?" "네, 체육학도 학문체계를 갖추고 있어서 각 하위 영역들이 존재합니다. 그리고 저는 엘리트 체육인은 아니지만 스키를 운동했고, 현장에서 가르치고 있습니다."
　이렇듯 하나의 학문 영역에서 전공이 무엇이냐의 질문은 한 번에 끝나지 않고 꼬리에 꼬리를 물고 묻는 말과 답으로 이어지는 것이 체육학의 현주소이다. 이러한 배경에는 체육이나 스포츠를 하나의 학문체계로 인정하지 않으려는 것과 그리 중요하지 않게 생각하는 사회 전반의 문제이면서도 체육학을 전공한 사람들에게도 문제인 것이다. 이 장에서는 이러한 이야기를 해보도록 하였다.

스승 : 제자여, 자네의 전공은 무엇이냐?

제자 : 네, 저는 스포츠와 권력에 대하여 스포츠인문학적으로 탐구하고 있습니다. 그런데 갑자기 왜 이런 질문을 하시는지요?

스승 : 이러한 질문은 내가 체육학을 전공하기 시작하면서부터 현재까지 체육학을 전공한 사람들과 그렇지 않은 사람들에게 계속해서 받는 질문이기 때문이다. 자네는 그렇지 않느냐?

제자 : 네, 맞습니다. 이러한 질문에 어떻게 제가 답변하느냐에 따라 저의 학문적 정체성에 관한 것과 함께, 우리 사회의 체육학에 대한 전반적인 인식에도 영향을 미칠 것 같아 답변에 신중을 기하고 있습니다.

스승 : 나도 마찬가지이다. 그렇지만 답변에 한계는 오곤 하지. 자네는 어떤가?

제자 : 네, 체육학을 전공하지 않은 사람들이 질문을 하면 몰라

서 아니면 원래 자기가 체육학에 대한 인식과 가치관에 의해서 그런가 보다 합니다. 그런데 체육학을 전공한 사람들이 전공에 대한 질문을 하면서 그 본질에는 체육학을 전공하지 않은 사람들과 비슷해서 화가 납니다.

스승 : 하하하. 그 화가 난 이유는 무엇이냐?

제자 : 체육학을 전공한 사람마저 전공에 대한 질문에 있어서 학문에 대한 질문인지, 무슨 운동을 한 것인지, 엘리트 선수 출신인지를 복합적으로 물어보기 때문입니다. 단순하게 체육학과는 말 그대로 체육을 학문적으로 공부하고 연구하는 대학의 하나의 학과인데 같이 전공하였으면서도 질문에 모든 것이 있는 것과 그것들을 구분 없이 이해하고 있기 때문입니다.

스승 : 그렇다면 왜 체육학을 전공한 사람들도 이러한 질문을 하는 것 같으냐?

제자 : 네, 이 또한 체육이 대학에서 하나의 학문으로 인정받고 자리를 잡은 역사가 그리 오래되지 않은 것과 함께, 체육이나 스포츠에 대한 잘못된 인식들이 형성되어 있어서 그런 것 같습니다.

스승 : 체육에 대한 잘못된 인식이라는 것은 무엇이냐?

제자 : 네, 저는 엘리트 선수 출신이 아닙니다. 그래서 체육은 고등학교 때까지 체육 시간에만 하고 생활체육 개념으로

운동과 스포츠를 하였습니다. 그리고 대학을 체육 계열로 오면서 석사, 박사까지 체육학을 전공하였습니다. 이러한 과정들에서 체육학을 전공하기 전과 후에 체육을 바라보는 관점이 달라졌습니다. 대학을 체육 계열로 가야겠다는 결심을 하기 전까지 저도 체육에 대한 인식은 그리 좋지 않았습니다. 집이나 학교에서도 체육 계열로 간다고 했을 때도 다시 한번 생각하라고 많은 설득을 들었습니다. 여기에는 체육은 공부를 못하거나 안 하는 사람들이 선택하는 것이고, 체육학과를 나와도 나중에 먹고살 것이 마땅히 없다는 인식들이 기저에 깔려 있었기 때문이었습니다. 그런데 체육을 전공하고 연구하면 할수록 제가 기존에 가졌던 체육에 관한 가치관들은 변하기 시작하였고, 이제는 이 변화를 체육 전반과 우리 사회에 펼치기 위해 노력하고 있습니다.

스승 : 어떠한 것을 평가하고 논하기 위해서는 그만한 경험과 지식, 그리고 진실한 마음이 중요하다고 생각한다. 자네가 체육을 진실한 마음으로 대하기 때문에 현재까지 포기하지 않고 계속 공부를 하고 있지 않느냐. 잘못된 인식에 대하여 더 할 말이 있느냐?

제자 : 네, 저는 고등학교를 인문계로 나왔지만 체육 수업은 고3 때까지 주 3시간 했으며, 이것이 저는 당연한 것인 줄 알았습니다. 그런데 대학에 와서 현재까지 쭉 지켜봤을 때 이 당연한 것이 사회에서는 당연한 것이 아닌 것을

알았습니다. 이는 교육과정이 각 학교의 재량으로 바뀌면서 체육은 특히 입시와 주지 과목이 아니라는 이유로 점차 체육 시수가 줄었기 때문입니다.

스승 : 왜 이런 현상들이 생겼다고 할 수 있느냐?

제자 : 체육에 대한 사회 전반적으로 인식의 문제도 있지만, 그 전에 이러한 인식이 형성되게 한 체육의 내부적인 이유도 있다고 생각합니다.

스승 : 그 이유가 무엇이라고 생각하느냐?

제자 : 네, 저는 이것이 보편적이고 일반적이라고 생각하지 않지만, 제 개인적인 생각은 이렇습니다. 제가 학교 다닐 때 체육 수업은 도제식 수업 방식과 교련 수업 방식이 혼용된 일제식 수업을 받았고, 아나공1)식 수업의 형태였습니다. 이렇다 보니 체육 수업에 대한 이해와 인식들은 우리가 이야기하고 있는 잘못된 인식이자 편견이라는 관점을 만들어 냈다고 생각합니다. 그 체육 수업을 받았던 많은 사람 중에 체육 정책과 법을 만드는 사람들이 있을 것이고, 그 사람들은 자기 자신의 학창 시절에 체육

---

1) 아나공은 '아나'와 '공'의 합성어로 체육 수업 시간에 공만 던져 주고 아이들끼리 놀게 방치하는 상황을 말한다. '아나'는 '여기'를 뜻하는 경상도 사투리로 "여기 공 있다"는 뜻으로 '아나~ 공'이라고 발음한다. '아나공 수업'은 공이나 몇 개 던져 주면서 학생들이 하고 싶은 것을 하도록 내버려 두는 형태의 수업을 말하는데 학생들은 어떤 학습 내용을 배운다기보다는 1시간을 그냥 재미있게 때우는 경우가 대부분이다. 즐거운 시간을 가질 수는 있지만 배우는 시간이 되지는 못한다. 체육 수업이 국영수 위주의 입시교육에 찌든 학생들의 유일한 휴식처가 되는 상황에서 어쩔 수 없는 상황이라는 얘기도 있지만 실제로는 체육 교사의 직무유기라 할 수 있다. [출처] '아나공'식의 체육수업작성자 최쌤.

수업을 떠올리면서 정책과 법을 만들 것이라고 생각합니다. 그때의 체육 수업이 꼭 필요하고 학생들에게 없어서는 안 되는 수업 중의 하나였으면, 작금의 체육 수업의 시수 감소와 함께 체육에서 말하는 잘못된 인식들이 형성되지 않았을 것이라고 생각합니다.

스승 : 그래서 자네도 체육학을 전공하기 전까지 체육에 대한 인식이 별로 좋지 않았나 보구나.

제자 : 네, 그렇지만 지금은 그렇지가 않습니다. 그리고 현재 체육을 담당하는 선생님들도 그렇지가 않은 것 같습니다. 시대가 변하면서 체육도 많은 변화가 있었기 때문입니다.

스승 : 체육 수업의 변화는 일선에서 정말 열심히 체육을 가르치고 있는 교육의 주체인 체육 선생님들이 만들고 있지. 그런데 왜 이제야 이러한 변화가 보이기 시작한 것 같으냐?

제자 : 네, 체육 수업은 일제강점기 때 시작하였고, 일제에 의해서 정치적·군사적으로 이용되었기 때문에 그 잘못된 잔재들이 남아 있었으며, 그 당시의 체육 선생님들도 군대 교관이었거나 체육 수업을 제대로 할 수 있는 선생님들이 아니었기 때문에 이러한 상황들은 해방이 되고 오랜 시간이 지난 후에도 지속될 수 있었다고 봅니다. 그렇지만 이제는 체육 수업에 대한 현대식 수업 방식인 반성적인 체육 수업과 효과적인 수업 방식으로 전환되었

고 훌륭한 선생님들이 고시라고 할 수 있는 교사임용에 합격하여 현장에서 열심히 활동하면서 체육 수업에 대한 좋은 인식들이 쌓이고 쌓이면서 이제야 보이고 있다고 생각합니다.

스승 : 체육 시수가 줄어들면서 체육 선생님들의 티오(TO)도 당연히 줄었고, 이는 더 혹독한 경쟁을 거치게 하면서 탁월한 선생님들을 양성한 것도 어느 정도 영향을 미쳤다고 생각한다. 자유민주주의 사회에서 경쟁은 피할 수 없는 것이며, 여기에 살아남기 위해서는 탁월함을 추구해야 하고, 이것은 스포츠의 기본 의미이자 개념 아니겠는가?

제자 : 네, 맞습니다.

스승 : 그래도 체육에 대한 잘못된 인식들은 중·고등학교 현장에서 서서히 없어지고 있는 반면에 체육학을 연구하는 고등교육기관인 대학에서는 이러한 변화에 크게 민감하지 않은 것 같지 않느냐?

제자 : 네, 대학에서 학생들을 가르치면서 느꼈던 것은 임용을 준비하는 학생들은 정말로 열심히 공부하고 노력합니다. 그리고 많은 체육 계열 학생들도 그렇습니다. 그렇지만 본인들이 체육학을 전공하면서 체육학의 본질과 앞으로의 방향성에 대한 것들은 잘 이해하지 못합니다.

스승 : 왜 이해를 못 하고 있다고 생각하느냐?

제자 : 네, 체육이 무엇인지, 스포츠가 무엇인지, 체육학이 무엇인지, 스포츠학이 무엇인지를 물으면 다 똑같은 것 아니냐고 대답합니다. 작금의 체육과 스포츠를 혼용해서 사용하고 있으니 체육학을 전공한 학생들과 석사, 박사 선생님들도 이러한 인식을 가지고 있는 것을 자주 경험합니다. 그러니 체육학을 전공하고 체육 학사, 석사, 박사 학위까지도 취득하였지만, 그 체육이 정작 무엇인지도 모르기 때문입니다.

스승 : 그러한 사람들을 나도 자주 본다. 정말로 안타깝다. 그렇지만 체육학의 모든 하위 영역의 본질에는 체육학이 있지만, 그 학문 전체를 보지 못하고 각각의 자기 영역에서의 뛰어난 연구와 그 성과만 있으면, 모든 것이 괜찮다고 하는 인식들은 어떻게 생각하느냐?

제자 : 네, 그러한 경우는 체육학 하위 영역의 전공에 있어 우위나 유행에만 민감하고 체육학의 본질적인 의문과 방향성에 대한 깊은 성찰은 필요 없다고 생각하기 때문이라고 봅니다.

스승 : 우리 사회는 자본주의 사회이고, 그 자본의 논리는 학문의 영역에까지 많은 영향을 미치고 있다. 그래서 체육학을 전공하면서도 자본과 밀접하게 관계를 맺을 수밖에 없으며, 거기에 학문적 수요가 발생하는 것은 당연한 이치이다. 그렇지 않느냐?

제자 : 네, 맞습니다. 저도 박사까지 공부하고 현재까지 계속 연구하고 학생들을 가르치면서 돈에 영향을 받지 않는다고 말할 수 없습니다. 그리고 교수임용에 선호하는 학문 분야에도 많은 신경이 쓰이기도 합니다. 어떠한 학문 분야는 대학에서 거의 다 차지할 정도로 인기 있는 학문들을 보면서 전공에 대한 생각들도 안 했다고 할 수 없습니다.

스승 : 이러한 현상들은 우리가 전공한 스포츠인문학의 영역에서는 일반적으로 위기라고 할 수 있지. 이는 요즘 대학에서는 취업이 잘 되고 흔히 말하는 돈이 되는 학문을 선호하고 특성화시키고 있기 때문이다. 이에 우리 체육학도 이러한 대학의 방향에 맞춰 취업과 돈이 되는 학문 분야로 갈 수밖에 없고, 그 전공자를 계속 임용하여 교육과정 또한 그렇게 변화를 주게 된다. 그래서 체육학의 본질과 방향성에 대한 문제보다는 취업과 돈이 되고 인기 있는 학문 분야로만 교육과정이 형성되어 있다 보니 체육학의 본질, 개념, 의미, 가치, 윤리, 인식, 철학, 역사 등을 다루는 스포츠인문학을 배울 수 없게 되는 것이다. 그러니 제자가 체육학 전공자를 만나 전공이 무엇이냐를 물어보고 답을 듣고서 체육학을 제대로 이해 못 한다고 생각할 수밖에 없지 않겠는가? 그 사람들은 체육이 무엇인지, 스포츠가 무엇인지, 체육학이 무엇인지, 스포츠학이 무엇인지를 배우지 않았으니 답을 그렇

게 할 수밖에 없지 않겠는가?

제자 : 네, 맞습니다. 저한테 질문하는 체육 계열 전공자들을 보면 자기가 진짜 무엇을 공부한 것인지 모르는 경우가 많습니다. 그런데 진짜 이해 못 하는 것은 체육학에 대해서 잘 모르면 그만인데, 그것을 가르치려고 하기 때문입니다.

스승 : 그게 공부한 사람들이 제일 힘든 부분인 것 같다. 모르면 모른다고 해야 하는데 그렇지 않으니 말이다. 그러면 체육학의 성립과 구성요건은 무엇인지 알려줄 수 있느냐?

제자 : 네, 체육학이 하나의 학문으로서 성립되려면 연구대상, 방법론, 이론의 구성요건을 갖추어야 합니다.

스승 : 더 구체적으로 말해 볼 수 있겠는가?

제자 : 네, 체육학은 신체 활동, 인간의 움직임, 그리고 스포츠를 연구대상으로 하고, 연구방법으로는 문헌고찰, 양적·질적 연구방법, 실험 등이며, 운동이론 및 각 체육학 하위 학문 분야별 이론 등으로 구별할 수 있습니다.

스승 : 그렇다면 체육학의 성립과 구성요건을 체육학 하위 학문 분야로 구분할 수 있겠구나?

제자 : 네, 체육학 학문의 분류는 크게 3가지로 나뉩니다. 첫째, 체육 인문학으로 생각, 논리, 문헌고찰 등의 연구방법으

로 체육사, 스포츠철학, 스포츠인류학, 스포츠교육학 등의 학문이 형성되어 있습니다. 둘째, 체육 사회과학의 영역으로 통계, 조사 등의 연구방법으로 스포츠사회학, 스포츠경영학, 스포츠정책학, 여가레크리에이션학 등이 있습니다. 그리고 마지막으로 체육 자연과학의 영역으로 관찰, 실험 등의 연구방법으로 스포츠역학, 스포츠심리학, 스포츠생리학, 스포츠의학, 스포츠영양학, 체육측정평가학 등이 있습니다. 이러한 학문 영역 등은 각각의 학회를 통해 더더욱 학문의 발전을 꾀하고 있습니다.

스승 : 내가 예전에 체육학에 대하여 강의할 때 "체육학은 무엇이다"라고 했는데 기억나느냐?

제자 : 네, 기억납니다. 저 또한 강의를 할 때 교수님의 가르침을 알려주고자 노력하고 있습니다.

스승 : 그럼 체육학은 무엇인가에 대한 자네의 강의는 어떻게 이루어지는가?

제자 : 네, 체육학에 대한 전반적인 강의는 체육원리 시간에서 주로 이루어지고 있습니다. 교육과정상 체육원리 수업은 1학년에 개설(학교마다 다름)되어 있어, 저 같은 경우는 알기 쉽게 이야기하려고 합니다. 그래서 체육학과가 어디 단과대학에 속해 있는지 먼저 물어봅니다. 우리가 속한 대학은 자연과학대학에 속해 있기 때문에 학생들도 자연대(자연과학대학의 줄임말)라고 합니다. 그러면 교양

을 주로 받는 대학은 어디냐고 물어봅니다. 그러면 교양
은 인문사회(학생과 학교에 따라 다름) 영역이 많기 때
문에 질문을 하면, 학생들은 인문대나 사회대라고 합니
다. 그러면서 위에 언급한 체육학 학문의 분류를 설명합
니다. 그리고 체육학은 모 학문의 이론과 연구방법 등을
체육학의 연구대상으로 하여 형성된 응용학문이라고 합
니다. 그리고 우리 대학처럼 인문대, 사회대, 자연대 등
많은 단과대학을 가진 대학을 무엇이냐고 물어보고, 답
은 종합대학이라고 알려줍니다. 그래서 체육학은 응용학
문이고 체육학 학문 분류에 따라 종합적인 학문 체계를
갖춘 종합학문이라고 강의합니다. 그래서 교수님께서 말
씀하신 체육학은 응용학문이면서 종합학문이라는 결론으
로 강의를 마칩니다.

스승 : 잘하고 있구나. 이러한 체육학의 본질과 기본 이론들을
알고 있다면 무엇이 체육학의 전공 영역이고, 앞으로 어
떤 것을 전공할 것인지 학부생들한테는 많은 도움이 될
것 같구나.

제자 : 네, 모든 것들이 그렇지만 특히 스포츠는 기본에 충실해
야 하듯이 체육학도 그래야 지속적인 성장과 발전을 한
다고 봅니다.

스승 : 현재 우리 사회에서 각광을 받는 융합은 자기 자신의
정체성과 본질에 따른 기본과 탁월함을 추구하는 것이

선행되고 난 후에야 제대로 된 융합이 이루어지는데, 그렇지 않은 것 같다. 특히 학문에서도 그렇고 우리 체육계열도 예외가 아니지 않느냐?

제자 : 네, 맞습니다. 사회적 유행이나 인기에 따라가는 것은 매우 위험한 일입니다. 특히 학문은 이러한 현상들에 대하여 더더욱 견제와 균형이 이루어져야 하는데 그렇지 않은 것 같습니다. 체육 또한 이러한 현상에서 견제와 균형이 깨지고 자기 학문 분야에 대한 아집으로 융합의 길 문턱에서 넘지 못하고 있는 것은 아닌지 모르겠습니다.

스승 : 체육학은 응용학문이자 종합학문으로서 융합은 다른 어떤 학문 분야보다 잘 이루어질 것 같은데, 그게 현실적으로는 쉽지가 않은 것 같다. 왜 이런 현상들이 일어난다고 보느냐?

제자 : 네, 체육학에 대한 전반적인 기본 이론과 본질에 대한 사고 없이 각각의 학문 분야에 대한 성과와 우월함이 현재 사회가 추구하는 이념, 가치관 등과 맞아떨어지면서 체육학 내에서의 견제와 균형이 깨졌기 때문입니다. 그리고 체육학 하위 영역의 학문 내에서도 학문의 다양성에 대한 깊은 성찰이 아닌 무시와 배제를 통해 융합의 길을 막고 있는 것 같습니다.

스승 : 학문이 발전하기 위해서는 다양성이 필요하다. 그 다양성은 융합의 길을 가기 위해 꼭 필요한 요소이지. 단 학

문의 다양성의 본질에는 위에서도 언급한 각각의 학문에 대한 기본이 전제되어야 한다. 그렇지 않으면 어떤 학문은 소외되거나 더 이상 창의적으로 발전할 수 없게 될 것이다. 그렇지 않겠느냐?

제자 : 네, 공부를 하는 것은 자기만족과 성공, 취업, 행복 등 여러 가지 이유가 있겠지만, 저는 배운 것을 실천하고 거기서 얻은 만족감과 행복감이라고 생각합니다. 오늘 또한 행복한 시간이었습니다.

스승 : 어찌 내가 할 말을 먼저 하느냐? 나도 오늘 행복했다.

제자 : 감사합니다.

02
체육의 목적과 목표, 그리고 가치

우리 사회에서 체육이 왜 필요한지에 대한 물음은 체육에 대한 목적과 가치와 함께 그 추구하는 방향성에 대한 것이다. 초등학교, 중·고등학교에서의 체육 교과와 대학교에서의 학문, 그리고 우리 사회 전반에 형성된 체육과 스포츠에 대한 이해와 인식들은 체육의 목적과 목표, 그리고 가치에 대하여 묻고 있다. 이 장에서는 그 물음에 대하여 논하고자 하였다.

스승 : 우리 사회에서 체육이 왜 필요하다고 생각하느냐?

제자 : 체육 전공자로서 체육이 항상 개인, 학교, 사회 등에 필요하다고 주장하면서 막상 이러한 질문을 받으면 말문을 여는 데 한참 걸립니다.

스승 : 나 또한 그러하다. 그렇지만 이러한 질문과 답을 계속해야 체육이 왜 필요한지를 알 수 있지 않겠느냐?

제자 : 네, 맞습니다. 체육이 필요한 이유는 체육의 개념과 정의와도 관련이 크다고 봅니다.

스승 : 체육의 개념과 정의가 체육이 무엇인가와 함께 우리 사회에서 체육에 대한 인식의 정도가 되겠지. 그렇다면 체육의 개념과 함께 체육이 추구하는 방향이라고 할 수 있는 체육의 목적과 가치가 무엇인가에 대하여 논의한다면, 우리 사회에서 체육의 필요성에 대한 어느 정도의 탐구가 되지 않을까?

제자 : 네, 체육의 목적과 가치는 우리 사회에서 체육이 왜 필요한지에 대한 정당화 과정이라고 생각됩니다.

스승 : 그러면 체육의 목적과 함께 체육의 목표 또한 우리가 논의해야 하는데, 그 전에 목적과 목표의 차이점에 대하여 이야기해 주지 않겠는가?

제자 : 목적과 목표에 대하여 헷갈리는 경우가 종종 있습니다. 체육의 영역으로 말씀드리겠습니다. 마라톤을 한다면 목적은 건강함을 추구하거나 체력과 인내심을 기르는 것이고, 목표는 2시간 벽을 깨거나 한국 신기록을 경신하는 것입니다. 즉, 여기서 체육의 목적은 일반적으로 추상적인 개념이고, 체육의 목표는 구체적인 개념이라고 볼 수 있습니다.

스승 : 여기서 덧붙이자면 체육의 목적은 상위개념이고, 목표는

하위개념이라고 할 수 있으며, 목표는 목적을 달성하기 위한 수단적 성격을 지니고 있다고 할 수 있지.

제자 : 네, 이제 체육의 목적과 목표에 대한 혼돈은 없을 것 같습니다.

스승 : 그러면 체육의 목적은 무엇이냐?

제자 : 현재 통용되고 있는 사전적인 체육의 목적은 "인간의 신체적 활동, 그중에서도 대근활동(大筋活動)을 통한 신체의 교육인 동시에, 이 신체적 활동을 수단으로 하여 이상적인 인간상, 즉 사회가 요구하는 지(知)·정(情)·의(意) 및 신체 각 측면의 조화를 통한 완성된 인격을 가진 인간을 만들려는"(한국민족문화대백과사전, 2020) 것이 체육의 궁극적인 목적이라고 할 수 있습니다.

스승 : 체육의 목적을 달성하기 위해서 수반되는 것은 대근활동이다. 그렇지만 대근활동이 아니거나 축소된 체육과 스포츠들이 많이 형성되고 있고, 앞으로도 가상세계와 가상현실을 바탕으로 발전하는 스포츠는 더욱 많아질 것으로 판단된다. 이러한 현상들과 체육의 개념을 통한 목적에는 어떠한 영향이 있을 것으로 생각하느냐?

제자 : 네, 학자마다 아직도 의견이 분분한 바둑이나 e-스포츠도 이제는 스포츠의 영역으로 개념화하거나 정의 추구하는 경우가 많아지고 있습니다. 이 또한 시대의 흐름이나

상황에 따라 변화하는 과정이라고 생각하며, 체육의 개념과 함께 목적 또한 예외는 아니라고 생각합니다. 체육의 용어 또한 스포츠와 혼용되거나 스포츠로 대체되면서 그 개념과 가치, 그리고 본질에 대한 탐구들도 변화의 과정을 거치고 있기 때문에 지속적으로 영향을 받을 것으로 생각합니다. 그것이 체육의 관점으로 긍정이든 부정의 영향이든 상관없이요.

스승 : 그래서 학자들이 필요한 이유가 여기에 있다고 생각한다. 학문에도 자본주의 논리의 핵심인 효율성이 적용된다면 그 학문의 양적인 성장에는 많은 도움이 될 수 있겠지만 질적인 발전은 무조건 보장된다고 볼 수 없다. 체육학도 마찬가지로, 취업과 인기 있는 학문에만 몰두해 있는 작금의 상황들은 진정한 체육학을 성장하고 발전시키는 데 한계에 직면할 수밖에 없으며, 체육의 목적과 현실에서의 괴리감도 존재할 수 있을 것이다.

제자 : 네, 체육의 목적은 체육학의 목적과도 동일하다고 생각합니다. 그래서 체육의 목적이 너무 현실과 동떨어지거나 어떠한 분야에서만 발전한다면 제대로 된 체육의 개념과 목적이 형성되지 않을 것으로 생각됩니다.

스승 : 그래서 우리는 체육의 목적이 과연 우리 사회에서 유효한 것이고, 정당화하는 데 문제가 없는 것인가에 대하여 지속적인 의문과 논의를 해야 한다. 그러면 체육 목적의

정당화에 대하여 이야기해 보자.

제자 : 네, 우리 사회에서 체육 목적 달성에 관한 회의적인 반응들이 발생하면 할수록 체육의 위치와 함께 그 가치가 떨어진다고 생각합니다.

스승 : 그 회의론은 무엇인가?

제자 : 네, 학교에서 체육 시간이나 사회에서 체육 활동들이 과연 체력이 강화되거나 운동기능이 습득될 수 있는가와 함께 정서가 함양되거나 사회성이 발달되는가에 대한 의문들이 있습니다.

스승 : 이러한 회의론은 체육 목적의 정당화를 위해서 내재적·외재적으로 논의할 수 있다. 이를 구별하여 설명해 주겠는가?

제자 : 체육 목적의 내재적 정당화는 체육 목적이 내재적으로 가치가 있어야 합니다. 이에 내재적 가치(움직임 욕구의 실현 및 체육문화의 계승, 발전 등)는 어떤 목적 달성을 위한 수단으로써의 가치가 아니라 본질적 특성으로 인정되는 가치입니다. 그래서 체육 활동 그 자체로서 갖는 가치가 체육의 내재적 가치이며, 체육 활동 그 자체로서 체육의 본질적 가치를 지닌다는 논리를 펴는 것으로 이는 체육 목적의 내재적 정당화라고 할 수 있습니다. 체육 목적의 외재적 정당화는 학교체육의 가치를 수단과

목적의 관계로 설명하는 방식으로 외재적 가치를 통해 체육 목적의 외재적 정당화를 하는 것입니다.

스승 : 체육의 외재적 가치에 대하여 구체적으로 말해 주렴.

제자 : 체육의 외재적 가치는 체력 및 건강의 유지·증진, 그리고 정서 순화와 사회성 함양이라는 체육의 심동적·정의적 영역의 목표라고 할 수 있습니다.

스승 : 체육 목적의 회의론에 대한 정당화론은 체육의 개념과 가치를 위해 필요하며 중요하다. 그렇지만 그 정당화가 너무 추상적이거나 구체적이지 못하면 체육에 대한 회의론은 더욱 커질 것이다. 그래서 체육의 목적이 상위개념이면 목표는 하위개념이기 때문에 체육의 목표에 대해서도 논의해야 한다. 체육의 목표에 대하여 이야기해 보겠나?

제자 : 체육 목적의 정당화를 바탕으로 체육의 목표를 정의한다면, 신체 활동이나 움직임을 통하여 움직임 욕구를 실현하고, 체육 문화를 계승·발전하며, 운동을 수행하는 데 필요한 기능과 체력을 유지·증진하며, 운동과 건강에 관한 지식을 이해하고, 정서를 순화하며, 사회적으로 바람직한 태도를 함양하는 것으로 정의하고자 합니다.

스승 : 체육의 목표는 전반적으로 교육적인 측면에서 정의되고 있는데, 이는 체육이 현재 교육적인 측면이 강조된 신체의 활동이자 움직임이기 때문이겠지?

제자 : 네, 작금의 체육은 스포츠와 비교해서 교육적인 측면이 강조되었고, 교과로서의 체육으로 학교에서 이에 상응하는 목적과 목표가 존재해야 하기 때문입니다.

스승 : 체육 목표의 정의를 체육의 목적과 연관 지어 내용별로 분류하여 구체화해 주렴.

제자 : 네, 체육의 목적에서 정의하는 신체적·지적·정서적·사회적인 조화를 위해서라는 것을 각 체육 목표의 내용으로 분류하고자 합니다. 첫째, 심동적 영역의 목표는 체력의 발달, 운동 기능의 발달, 신체적 표현의 발달 등입니다. 둘째, 인지적 영역의 목표는 체육과 유사한 용어(운동, 보건, 체조, 무용, 놀이, 게임, 스포츠)들에 관한 지식습득과 문제해결 능력, 탐구능력 및 창의력 발달 등입니다. 셋째, 정의적 영역의 목표는 준법성, 공정성, 협동심 등 사회성 발달과 정신력 강화와 동정심, 미적 감상력 등과 같은 정서 순환 및 함양 등입니다.

스승 : 이렇게 분류하니 체육의 목적과 목표에 대하여 제대로 이해하고 인식할 수 있겠구나. 그런데 학교에서 체육 시간이나 사회에서 행해지는 신체 활동들에서 이러한 체육의 목적과 목표의 개념과 가치들이 제대로 인식되고 있는지 의문이구나.

제자 : 체육을 왜 하는지, 그리고 무엇 때문에 하는지에 대한 깊은 사고와 논의 없이 그냥 학교에서 수업으로 그리고

사회에서 생활체육으로 이루어지고 있는 것은 아닌지 저도 의문이 듭니다. 그러고 보니 예전의 일들이 떠오릅니다. 학교에서 높으신 분들이나 학부모들이 참관수업을 할 때 선생님들이 평소에 하지 않았던 오늘의 학습목표를 쓰거나 공지했던 것이요.

스승 : 대학에서 강의할 때도 오늘의 목표를 이야기하는 것 또한 찾아보기 힘들다. 이러한 행동들이 만연하게 되면 과연 내가 오늘 무엇을 배우고 있는지, 앞으로 무엇을 배우고 알아야 하는지에 대한 이정표를 못 찾게 되는 것이다. 그러면 내가 체육을 전공하고 있어도 무엇을 배우는지도 모르게 되는 것이다. 그래서 체육의 목적과 목표에 대한 끊임없는 논의와 탐구가 필요하다. 그 전에 체육의 목적과 목표를 그냥 넘어가도 된다는 잘못된 인식의 변화가 선행되어야 한다고 생각한다.

제자 : 네, 맞습니다. 저도 강의할 때 오늘의 수업에 대한 목표와 꼭 알았으면 하는 것들을 이야기합니다. 그리고 중간에 지속해서 질문들을 하고요.

스승 : 그래. 체육 목적의 정당화와 함께 체육 목표에 대한 이해와 실천 등은 체육의 가치를 더욱 발전하게 하는 기본이라고 할 수 있다.

제자 : 네, 스포츠에서 강조하는 기본에 충실하다는 것이 운동의 기능적인 부분에서만이 아니라 교육적·학문적·통합

적으로 이해되고 실천되어야 하군요.

스승 : 오늘도 기본에 충실히 하고자 노력하고 실천해 줘서 고
맙다. 그리고 오늘도 이 시간이 소중하고 행복했다.

제자 : 네, 저도 그렇습니다. 감사합니다.

제 3 부

⋮

가치론

01

도핑

스포츠에서 도핑은 스포츠의 정신적 가치를 해치는 매우 공정하지 못한 일이다. 그렇지만 전 세계적으로 도핑과 관련된 많은 이슈와 기삿거리들은 스포츠에서 도핑이 무엇인지를 새삼 깨닫게 해준다.

도핑(Doping)의 사전적 의미는 "경기의 성적을 올리기 위해 약물을 복용하는 것을 뜻하며, 예를 들어 운동선수가 일시적으로 경기 능력을 높이기 위하여 흥분제·호르몬제 등의 약물을 복용한다. 도핑은 건강을 해치고 스포츠 정신에도 위배되기 때문에 국제올림픽위원회(IOC)를 비롯하여, 각 국제경기연맹에서 이것을 금하고 있다"(위키백과사전, 2018).

현대 스포츠에서 도핑의 의미는 이제 위 내용의 사전적 의미로만 해석하고 이해하는 데에는 한계에 이르렀다. 현재 도핑을 예방하고 방지하는 반도핑기구의 도핑 정의는 선수들의 금지약물 복용 및 금지방법을 사용하는 일까지 개념화하고 있으며, 이를 스포츠 현장에 적용하고 있어 사전적 의미에 대한 정의 추구가 새롭게 이루어져야 한다.

이렇듯 스포츠에서 도핑의 존재는 반도핑의 존재와 함께 형성되어 있다. 이는 도핑이 무엇인지를 명확하게 알려면 반도핑이 무엇인지를 함께 탐구해야 하기 때문이다. 그렇다면 스포츠에서 도핑은 존재의 의미에만 국한되어야 하는가? 당연히 그렇지 않으며, 철학의 한 연구 영역인 가치론적인 연구 또한 필요하다. 스포츠 윤리라고 하는 것은 스포츠철학의 가치론적 연구에 속한다. 그래서 우리가 스포츠 윤리를 이야기한다면 그것은 스포츠철학의 가치론적인 탐구이다. 스포츠 윤리적인 관점에서 도핑이 스포츠에서 좋고 나쁨, 선과 악, 옳고 그름 등에 대하여 논의해 보면 다음과 같다.

스승 : 제자여, 스포츠에서 도핑은 왜 금지되어야 하는가?

제자 : 네, 교수님. 제가 2008년부터 현재(2021년)까지 도핑방지를 위하여 스포츠 현장에서 활동한 것이 약 12년이 되었습니다. 그러니 제가 스포츠에서 도핑을 금지해야 하는 것은 더더욱 주관적일 수밖에 없습니다. 그래도 도핑방지를 위하여 지금까지 표준화된 규정과 객관적인 절차에 의해서 이루어졌기 때문에 나름 최선을 다해서 객관적으로 이야기할 수 있을 것 같습니다. 이러한 도핑에 대한 저의 상황을 먼저 밝히고 이야기하는 것이 이 대화에서 중요할 것 같아서요.

스승 : 오, 참 좋은 이야기구나. 어떤 현상에 대하여 이야기할 때 그 사람의 상황들과 함께 형성되는 관점, 시각 들은 사실을 바탕으로 진실을 알아가는 데 매우 중요한 요소가 될 수 있단다. 어떠한 사건과 일들에 대하여 바라보는 관점 또한 나와 타인들이 다르다는 것을 항상 염두에 두고 학문의 다양성과 객관성을 위하여 서로가 더 탐구하도록 하자. 그러면 다시 질문으로 돌아가 스포츠에서 도핑은 좋은 것이냐, 나쁜 것이냐?

제자 : 네, 당연히 나쁜 것이지요.

스승 : 왜 나쁘다고 생각하느냐?

제자 : 도핑의 역사와 함께 반도핑의 역사를 보면 스포츠에서 도핑이 왜 나쁜 것인지 이해할 수 있을 것입니다.

스승 : 그래. 도핑의 역사는 너도 알다시피 고대 제전경기에서부터 시작했다고 보고 있으며, 어쩌면 스포츠의 역사와 함께 형성되었다고 볼 수 있다. 그렇다면 반도핑의 역사는 어떻게 되는지 아느냐?

제자 : 네, 반도핑 역사의 시작은 인용을 통해서 말씀드리겠습니다. 1960년대 이전까지는 올림픽에 출전하는 선수들의 금지약물 복용을 적발하거나 제재할 방법이 마련되지 않았습니다. 그런데 1960년 로마 올림픽에서 덴마크 사이클 선수인 커트 젠센(Kurt Jensen)이 경기력을 높이기 위해

흥분제인 암페타민을 복용했다가 경기 중에 사망하는 사고가 발생했습니다. 또 1967년 세계 최고 권위의 사이클 대회인 투르 드 프랑스에서 영국 선수 토미 심슨이 암페타민 복용으로 사망하면서 전 세계적으로 도핑에 대한 인식이 높아졌습니다. 1967년 IOC 의무분과위원회 설치, 1968년 그르노블 동계올림픽 대회부터 도핑 테스트가 정식 도입(SBSNEWS, 2018.01.23.)되어 현재에 이르고 있습니다.

스승 : 그렇다면 선수들의 사망 사건들이 없었다면 과연 반도핑의 역사가 시작될 수 있었다고 생각하느냐?

제자 : 없었다고 생각합니다. 이는 반도핑의 목적이 도핑한 선수들을 스포츠에서 퇴출하는 것이 아닌 선수들의 건강 보호에 있기 때문입니다. 도핑을 하는 선수들이 자의든 타의든 간에 금지약물을 복용하거나 금지방법 등을 사용한 것이 스포츠의 공정성을 위배하고 윤리적으로 못마땅하지만 그것만으로 전 세계적으로 반도핑기구와 함께 반도핑규정으로 도핑방지 활동을 하는 것이 힘이 들지 않았을까 판단되고, 그 핵심에는 선수들의 사망 사건들과 함께 선수들의 건강 보호가 최우선이기 때문에 반도핑의 역사가 시작되었다고 봅니다.

스승 : 반도핑의 시작은 어떻게 보면 선수들의 희생이 있었기 때문에 가능했다는 이야기로 들리는구나?

제자 : 네, 저는 그렇게 생각합니다. 현재의 모든 나라들이 법치국가이기 때문에 법이 생기는 과정에 따라, 반도핑도 이러한 일련의 과정에 따라 형성될 수 있었다고 봅니다.

스승 : 더 자세하게 말해 보렴.

제자 : 네, 법이 제정되는 과정은 일단은 어떠한 사건과 일들이 생기고 나면 우리 사회에서는 어떠한(인물, 지역 등) 사건이라고 하면서 이슈화되고 기사화됩니다. 그리고 공론화 과정을 거치면서 법의 필요성이 형성되고, 그 여론이 강해지면 법이 통과되어 제정됩니다. 반도핑의 기구와 규정 또한 여러 선수들의 사망 사건이 생기면서 전 세계적으로 이슈화되었고, IOC에서 공론화와 함께 기구와 규정들이 만들어졌습니다. 그리고 반도핑의 역사에서 보듯이 정식적으로 도입되어 현재에 이르고 있으며, 이 반도핑규정은 전 세계적으로 표준화되어 적용되고 있습니다.

스승 : 그런데 반도핑 시작의 중심이었던 덴마크 사이클 선수인 커트 젠센의 사인이 약물 과다 복용이 아닐 수 있다는 내용들도 다른 한편에서는 나오고 있던데 혹시 그 내용을 봤느냐?

제자 : 네, 그 기사를 봤습니다. 그런데 다시 찾으려고 하니 쉽게 찾을 수가 없습니다. 그 내용은 젠센이 사망하였을 때 언론에서는 암페타민 과다 복용으로 나왔는데 경기 중에 사망한 것은 사실이지만 진실은 다를 수 있다는 것이었습니다.

스승 : 나도 그 이야기를 하고 싶은 것이다. 그 젠센은 반도핑의 역사를 이야기할 때 항상 인용되고 있지 않느냐?

제자 : 네, 저도 도핑방지 교육이나 연구를 할 때 도핑방지의 정당성을 위하여 항상 인용하거나 교육하였습니다. 그런데 젠센의 사인에 대한 약물 과다 복용이 아닐 수 있다는 이야기 때문에 교육이나 연구에서도 이제는 인용하지 않고 있습니다.

스승 : 제자여, 젠센의 사망은 반도핑의 역사를 만들었지만, 정작 본인은 도핑과 상관없다면 얼마나 억울하겠는가?

제자 : 네, 저도 도핑방지 활동을 오랜 기간 하면서 잘못된 정보와 이론들을 알지 못한 채 선수들의 건강 보호와 공정한 스포츠를 위한 것에 매몰되어 다른 생각들을 하지 못했던 것 같습니다.

스승 : 이러한 일들이 어찌 도핑과 반도핑에만 있겠는가? 그래도 도핑방지 활동으로 인하여 스포츠의 공정성과 깨끗한 스포츠 환경을 만드는 데 많은 기여를 하고 있다고 생각한다. 그러면 도핑은 나쁜 것이고, 반도핑은 좋은 것이라고 구분 지어야 하는가?

제자 : 네, 모든 상황을 이분법적으로 구분할 수 없지만, 도핑과 반도핑은 그렇게 구분 지을 수 있다고 생각합니다.

스승 : 다시 도핑은 나쁘고 악이며, 반도핑은 좋고 선이다. 그

런데 어쩔 수 없이 선수들이 약을 먹어야 할 때가 있는
데 이것은 무조건 좋고 나쁘다, 옳고 그르다고 가치판단
할 수 있겠는가?

제자 : 네, 선수들이 약을 먹어야만 한다면 무조건적으로 먹지
말라고는 할 수 없으며, 반도핑규정에 따라 허용되고 있
습니다. 치료목적사용면책이라는 제도가 그것입니다. 원
래 지병이 있거나 응급상황이 발생 시 선수들은 그에
맞는 의료처지를 하고 치료목적사용면책을 신청하여 승
인받으면, 그 선수는 도핑과는 무관하게 됩니다.

스승 : 이 상황에 대하여 더 들어가서 생각한다면 인간은 과학
의 발달로 인하여 더 성장하고 발전하고 있으며, 의학적
으로 약은 인류가 오랜 기간 경험을 바탕으로 만들어진
것이고, 그것이 의료용과 함께 건강함을 위하여 사용되
고 있지 않으냐. 선수들도 이러한 과학의 발달에 대한
혜택을 누려야 하지 않느냐?

제자 : 네, 선수들도 과학과 의학의 발전에 따른 보편적인 혜택
을 마땅히 누려야 합니다. 그렇지만 다시 반도핑기구가
만들어진 것이 선수들의 약물 과다 복용으로 사망 사건
들로 인하여 생긴 것처럼 약물로부터 선수들을 보호하기
위함이죠. 선수들에게 좋은 약들은 보통 그 효과가 운동
수행능력에 있어서 너무 탁월하기 때문에 선수들은 더
이상 피와 땀이라는 노력 없이 약을 통해서만 그 능력

을 발휘하게 되고, 그다음은 중독이나 부작용으로 인하여 선수에게 치명적인 결과를 만들게 될 것입니다.

스승 : 그러면 이런 질문도 있을 수 있지 않느냐? 적당히 부작용 없이 더 건강하게만 해주면 선수들의 건강 보호가 되지 않겠느냐고?

제자 : 네, 금지약물이 아닌 다른 선수들의 건강함을 추구할 수 있는 약물들은 괜찮겠지요. 그런데 반도핑기구에서 금지하는 약물들은 선수들의 건강을 해치고, 스포츠의 공정성에 위배되는 것이며, 선수들의 경기능력에 영향을 미치기 때문에 금지합니다. 이 3가지 요소 중에 2가지가 속하면 금지약물과 금지방법으로 규정하고 있는 것입니다. 이는 선수들의 건강을 해치지 않았다고 해도 선수들의 경기능력과 스포츠의 정신에 위배되기 때문에 그렇습니다.

스승 : 그렇다면 이에 대한 윤리적 가치판단을 반도핑기구가 하는 것이 맞는 것이냐?

제자 : 법이나 규정들은 우리 사회의 최소한의 도덕이라고 생각합니다. 법을 어기면 사법기관에서 법의 심판을 받듯이 선수들의 도핑에 따른 제재와 결과관리는 반도핑기구에서 하는 것이 타당하다고 판단됩니다.

스승 : 너도 알겠지만, 실화를 바탕으로 한 우리나라 영화 중에

"유전무죄 무전유죄"라는 대사를 남긴 내용이 있다. 우리 사회에서 돈과 권력이 있는 사람들과 그렇지 않은 사람들이 법 앞에서 평등하다고 생각하는 사람들은 그리 많지 않을 것이다. 다시 반도핑기구가 과연 전 세계적으로 법적인 강제성은 없지만 규정을 통하여 선수들에게 자격정지라는 징계를 내릴 때 "유전무죄 무전유죄"가 되지 않을까라는 의문은 어떻게 생각하느냐?

제자 : 네, 저도 그게 문제라고 생각합니다. 도핑방지규정 위반을 하여 제재를 받는 것이 당연한데, 그렇지 않은 사례들도 나오고 있습니다. 청문회 결과가 서로(도핑 스캔들의 선수와 반도핑기구)에게 억울할 수 있기 때문에 항소라는 절차도 있지만, 우리가 상식적으로 생각한 만큼 제재의 기준이 전 세계적으로 명확하다고 믿을 수가 없습니다.

스승 : 그런 사례는 현장에 있으니 더 잘 알고 있을 것 같으니 더 자세하게 말해 주렴.

제자 : 네, 사례들은 개인정보와 관련이 있어서 더 자세하게 말씀드리기가 곤란합니다. 그리고 아직 항소 중인 사례들도 있으며, 결과에 따른 제재를 다 받고 다시 선수로 복귀하여 활동 중인 선수들이 있기 때문입니다.

스승 : 요새는 인권과 개인정보와 관련되어 우리 스포츠 선수들도 충분히 보장되어야 하니 더 이상의 사례보다는 다시 반도핑기구에 대한 신뢰에 대하여 묻고 싶구나?

제자 : 우리나라의 사법부도 중립적이고 객관적인 판결을 위하여 삼권분립 되어 있듯이 반도핑기구 또한 IOC에서 독립되어 있습니다. 우리나라 반도핑기구인 한국도핑방지위원회도 대한체육회나 문화체육관광부에서 분리되어 독립된 기관으로 있습니다. 이는 선수들의 제재와 결과관리에 있어 여러 유관기관이나 사람들에게 영향을 받지 않으면서 도핑방지 활동에 있어 신뢰를 받고자 하는 것입니다.

스승 : 신뢰는 하루아침에 이뤄지는 것이 아니지만 한순간에 잃을 수도 있지 않느냐? 특히 도핑도 사람이 하는 것이고, 반도핑도 사람이 하는 것이니 실수로 인한 신뢰가 깨진 경우들은 없느냐?

제자 : 도핑에 관한 실수는 선수나 선수지원 요원들이 고의성이 없이 무지에 의해 약물을 복용한다거나, 아니면 도핑방지규정 위반에 속하는 금지약물 복용과 금지방법 등을 고의성 없이 단순 실수로 사용하는 것으로 선수나 선수지원요원들이 스포츠 팬이나 일반 대중들에게 신뢰를 잃는 상황입니다. 그렇지만 도핑은 무지에 의해서나 고의성이 없는 실수에 의해서라도 무관용의 원칙으로 제재를 받게 됩니다. 이는 스포츠와 반도핑기구의 신뢰성에 의해서 그렇다고 볼 수 있습니다.

스승 : 그러면 반도핑의 실수에 의한 신뢰성은 무엇이냐?

제자 : 네, 그 전에 반도핑과 도핑방지에 대한 용어의 통일성을 갖도록 하겠습니다. 우리나라에서 반도핑과 도핑방지라는 용어들은 혼용해서 사용하고 있지만, 의미는 똑같습니다. 그렇지만 우리나라의 반도핑기구는 한국도핑방지위원회이고, 여기서 사용하는 용어는 반도핑이 아닌 도핑방지이기 때문에 이제부터는 도핑방지라고 하겠습니다.

스승 : 용어의 일치는 어디에서나 중요하다. 스포츠도 예외는 아니며, 어쩌면 용어의 사용과 쓰임에 있어 더 많다고 생각한다. 아무쪼록 도핑방지의 실수에 대하여 이야기해 보렴.

제자 : 도핑방지의 실수는 도핑의 실수보다 복합적으로 발생한다고 볼 수 있습니다. 도핑 스캔들에 의해서 제재 결정이 이루어질 때 항소하는 사례들이 발생하는 것 자체가 도핑방지의 결과관리에 있어 실수에 의한 신뢰성의 문제입니다. 그리고 도핑방지 활동에 따른 실수들 때문에 신뢰성에 문제가 되기도 합니다. 도핑방지 활동의 최전선에 있는 사람들은 크게 도핑방지요원이라고 합니다. 도핑방지요원은 시료채취요원과 도핑방지교육홍보 전문 강사로 나뉘고, 다시 시료채취요원은 도핑검사관(DCO: Doping Control Officer), 혈액채취요원(BCO: Blood Collection Officer), 샤프롱(Chaperone)으로 나뉩니다. 이렇듯 도핑방지요원들은 세계도핑방지 규정을 준수하며 도핑방지 활동에서의 역할과 책임이 있습니다. 도핑방지 활동에서 발생하는 실수는

도핑방지 활동 자체에 신뢰성을 잃는 것뿐만 아니라 도핑방지 규정 위반을 한 선수나 선수지원요원들에게 제재를 할 수 없는 명분을 만들어 주는 것으로 도핑방지요원들의 전문성과 함께 신뢰성, 그리고 윤리성이 요구된다고 볼 수 있습니다.

스승 : 도핑을 하는 선수들은 스포츠 윤리적으로 당연히 나쁜 것이고, 도핑방지는 이러한 나쁜 행위들을 예방하고 방지하는 차원에서 좋은 것이라고 볼 수 있구나. 그렇지만 도핑방지 활동에서 전문성이 부족하여 실수를 하거나, 도의적으로 실수를 한다며 이 또한 나쁜 것이라고 볼 수 있겠구나?

제자 : 네, 전문성과 고의적으로 실수를 하여 도핑방지 활동에 악영향을 미치는 것은 결과적으로 나쁜 것입니다. 그렇지만 도덕적이거나 고의적인 실수가 아닌 전문성 부족이나 단순 실수에 의해서 도핑방지 활동에 신뢰성이 깨졌다면 다르게 가치판단을 해줘야 한다고 생각합니다.

스승 : 그것은 당연하지만, 우리 사회는 그러한 가치판단에 대하여 너그럽거나 다르게 판단하지 않지, 그리고 스포츠만큼 결과중심주의가 만연한 곳도 없지 않으냐!

제자 : 네, 그래서 전 세계적으로 표준화된 규정과 적용으로 무관용의 원칙과 소급적용을 하는 것 같습니다. 그래도 선수들이 고의성이 없는 도핑의 실수로 인하여 청문회가

열렸을 때, 그 선수가 고의성에 대하여 충분히 소명한다면 고의성을 가진 선수들에 비해 제재를 감면해 주거나, 실제로 줄어드는 것을 봤을 때 법적인 잣대가 아닌 윤리성의 판단도 존재하는 것 같습니다.

스승 : 우리는 가끔 뉴스에서 어떤 범죄에 대하여 판결을 볼 때 죄를 반성하고 있다, 없다에 대하여 많이 들었을 것이다. 여기에서 판결은 법과 윤리적인 관계를 잘 보여준다고 할 수 있다. 사회적 통념과 상식에 어긋나는 행위들은 법적인 요소보다 윤리적인 가치판단을 더 하게 된다는 것이지. 도핑 또한 이제는 스포츠에서 나쁘다는 것이므로 금지해야 한다는 통념과 상식이 생기지 않았느냐. 비록 처음에는 이러한 분위기는 아니었지만, 그렇지 않느냐?

제자 : 네, 우리나라에서 도핑방지 활동이 본격적으로 형성된 것은 그리 오래되지 않았고, 도핑과 도핑방지에 대한 의식들이 잘 형성되어 있다고만 볼 수 없습니다. 아직도 도핑방지 활동의 현장에서는 도핑에 대한 문제는 인식하면서 도핑방지에 대한 인식들은 잘 형성되어 있지 않은 것이 현실입니다. 이러한 상황일수록 도핑방지의 전문성과 함께 윤리성이 더욱 형성되어야 한다고 생각합니다.

스승 : 오늘은 스포츠의 윤리적인 관점으로 도핑에 대하여 논하고자 하였다. 도핑에 대하여 가치판단을 하기 위해서는

도핑방지 또한 함께 인지하고 있어야 한다는 것을 대화를 통해 새삼 느꼈다. 그리고 도핑방지 활동이 도핑을 예방하고 방지하는 것뿐만 아니라 인간과 스포츠의 관계에 있어 신뢰를 구축하기도 하고 그렇지 않기도 한다는 것을 알았구나.

제자 : 네, 저도 도핑과 도핑방지에 대하여 심도 있게 생각하게 되었고, 현장에서 더욱 전문성과 윤리성을 바탕으로 도핑을 예방하고 방지하는 것을 실천하도록 하겠습니다. 도핑에 관한 스포츠 윤리적인 대화는 앞으로 더 진행했으면 합니다.

스승 : 도핑에 대하여 오늘은 맛보기였다고 생각하고, 더 많은 생각과 실천을 통해 도핑에 관한 폭넓고 다양한 이야기를 하도록 하자.

제자 : 네, 교수님. 감사합니다.

스승 : 항상 내가 감사하다.

02

인권

인권의 사전적 의미는 "사람이 개인 또는 나라의 구성원으로서 마땅히 누리고 행사하는 기본적인 자유와 권리"(한국민족문화대백과사전, 2020)이다. "스포츠에서도 인권은 인간이 인간답게 살아가기 위해 누구나 마땅히 누려야 할 권리이다. 인권은 '누군가'의 권리가 아니라 모든 사람의 권리다. 우리는 '운동선수'로서 내가 소속된 학교, 팀, 운동부에서 어떤 권리와 의무를 가지느냐와 상관없이 '한 인간으로서 인권'을 누린다"(대한체육회, 2019).

이렇듯 스포츠에서 인권은 기본적이면서 당연하게 형성되어 있어야 하지만 작금의 반인권적인 상황들은 스포츠에서 쉽게 나타나고 있다. 어쩌면 스포츠에서 종합적으로 반인권적인 상황들이 발생하고 있어 이에 대한 인식과 함께 많은 논의가 필요하다고 할 수 있다. 이 장에서는 스포츠와 인권에 대하여 가치판단을 하고자 하였다.

스승 : 우리나라의 2019년 스포츠에서는 여러 가지 문제들이

이슈화되었는데, 그중 인권에 관한 상황들이 크게 회자되었지 않느냐?

제자 : 네, 스포츠에서 발생하는 반인권적인 상황들은 어제오늘의 문제가 아니었지만, 2019년 초에는 이에 대해서 많은 사람이 충격을 받았고, 스포츠에서 인권에 대하여 새삼 놀라게 되었습니다.

스승 : 체육학을 전공하고 가르치는 사람으로서 반인권적인 상황들이 발생하면 할수록 더욱 부끄러움과 함께 이 상황들에 대한 책임감도 많이 느끼게 된다.

제자 : 네, 저도 스포츠에서 발생하는 반인권적인 상황들을 보면 화도 나고 기분이 종일 좋지 않습니다. 저도 스포츠 현장에서 학생들을 가르치는 입장이다 보니 인권과 반인권적인 상황들에 대하여 더욱 신경을 쓰고자 노력합니다.

스승 : 제자여, 그러면 스포츠에서 인권에 관하여 어떠한 부분들을 노력하고 있느냐?

제자 : 네, 저는 스포츠를 사랑합니다. 그리고 스포츠의 주체인 사람이자 체육인을 더욱 사랑하고 지지합니다. 이러한 마음으로 스포츠 인권을 위해서 많은 활동을 하고자 노력했습니다. 이에 제가 할 수 있는 일은 대학의 체육 계열 학생들을 가르치면서 인권에 대한 의식의 변화를 꾀하고자 노력하였고, 체육 계열에서 매년 발생하는 신입생 괴

롭히기에 대해서도 근절과 예방을 위해 다양한 관심을 기울이고 노력했습니다.

스승 : 그러한 관심과 노력들이 체육 계열 학생들에게 효과가 있었느냐?

제자 : 아직 100프로라고 말할 수 없지만, 전반적으로 많은 변화가 있었습니다. 이러한 노력들은 우리가 속한 대학에서만 이루어졌다는 한계가 있지만 말이지요.

스승 : 스포츠 전반에 걸쳐 이루어졌다면 우리가 이슈화된 내용들을 뉴스나 다른 형태의 매체를 통해서 볼 수 없었겠지. 다시 신입생 괴롭히기(헤이징, Hazing)가 반인권적으로 발생하고 있다는 것은 너도 잘 알겠지만, 이것이 완전히 근절되었다고 볼 수 없지 않느냐?

제자 : 네, 맞습니다. 헤이징은 갈수록 겉으로는 줄어들고 있는 것 같은데 그 내면에는 우리가 알 수 없을 정도로 여러 상황별로 반인권적인 상황들이 발생하고 있는 것 같습니다.

스승 : 구체적으로 이야기해 주겠나?

제자 : 네, 보통 대학생을 지성이라고 합니다. 그런데 체육 계열 대학생들의 단체 활동과 함께 반인권적인 상황들을 보면서 지성인이라는 타이틀(Title)이 어울리지 않는다고 판단한 것들이 많이 있습니다. 특히 눈에 보이는 집합을 통해 폭력과 비폭력적인 행위들로 신체적·정신적·경제

적인 피해를 주고 있는 것들입니다. 그리고 여기에는 성
폭력에 속하는 성희롱, 성추행도 자연스럽게 발생하고
있으며, 이러한 상황들은 학생들 간의 친목, 우정, 체력
단련 등을 빙자하여 아무 거리낌 없이 발생하고 있다는
것입니다.

스승 : 눈에 보이지 않는 현상들은 무엇이냐?

제자 : 네, 이제는 위와 같은 집합들은 눈에 보이지 않을 정도
로 줄어들었지만, 아예 없어졌다고는 볼 수 없습니다. 우
리 눈에 보이지 않을 뿐 지금에도 스포츠 현장에서는 언
제 어떻게 발생하고 있는지 모릅니다. 이는 스포츠의 특
성상 단체 활동을 하기 때문이며, 경기장 및 훈련장에서
아니면 합숙 및 일상생활에서 반인권적인 상황들이 발생
하고 있어 눈에 보이지 않고 있습니다.

스승 : 이러한 보이지 않는 반인권적인 상황들은 우리의 노력과
제도, 의식의 변화 등을 통해서 충분히 예방하고 방지할
수 있지 않느냐?

제자 : 네, 그래서 먼저 스포츠에서 인권이 무엇인지에 대해 살
펴볼 필요가 있습니다.

스승 : 그렇지, 스포츠와 인권의 존재와 함께 그 의미와 가치를
충분히 이해하고 인식하고 있어야 스포츠에서 발생하는
반인권적인 상황들에 대하여 더 깊게 이야기를 나눌 수

있지 않겠느냐. 그렇다면 스포츠 인권은 무엇이냐?

제자 : 네, 스포츠 인권에 대하여 알기 위해서는 스포츠인권헌장을 알아야 하며 인용을 하면 다음과 같습니다. "스포츠 인권헌장은 제1장 스포츠는 인권이다. 제1조, 스포츠는 육체로 하는 자아실현이며, 자기표현 활동이다. 제2조, 모든 사람은 스포츠를 통하여 개인적으로는 각자의 육체 능력을 배양하여 자신감과 자존의식을 높일 수 있고, 사회적으로는 다른 사람의 신체 활동을 존중하고 배려할 수 있게 된다. 즉, 스포츠 인권은 스포츠는 신체를 이용해 나를 표현하고 다른 사람과 소통하는 활동이라는 점에서 그 자체가 인권이다. 그러므로 스포츠를 배우고 즐기는 과정에서 차별이나 폭력은 허용될 수 없다"(대한체육회, 2019)고 하였습니다.

스승 : 스포츠 자체가 인권이다. 이 문구가 나한테 많은 생각을 하게 하는구나. 스포츠 인권을 위해 차별과 폭력은 허용될 수 없다고 하지만 우리가 보고, 즐기고 있는 여러 스포츠에서는 기술이라고 하지만 폭력들이 난무하고, 관중들의 야유나 정신적인 폭력들이 하나의 재미 소재로 만들어지고 있으니 말이다.

제자 : 네, 스포츠에서 폭력이 허용될 수 없다는 것은 스포츠에서 폭력이 자주 발생하고 있으니 그러지 말자는 반증이기도 한 것 같습니다. 그리고 실제적으로 폭력이 난무한

스포츠에서 우리는 기술이라고 말하고, 북미 아이스하키처럼 선수들 간의 1:1 싸움의 허용은 하나의 볼거리로 자리매김하고 있으며, 이에 대한 찬반 논쟁은 아직도 팽팽하지 않습니까.

스승 : 폭력은 나쁜 것이다. 이에 대한 가치판단은 일반적인 상식이라고 할 수 있다. 하지만 "스포츠에서 폭력은 나쁜 것이다"라는 명제가 항상 진실이라고 할 수 없으니 스포츠에서 폭력은 쉽게 없어지지 않을 것이며, 우리 체육 계열 대학생들뿐만 아니라 모든 스포츠인들에게도 언제든지 발생할 수 있다고 볼 수 있다. 그렇다면 스포츠 폭력은 무엇이며 어떠한 유형들이 있느냐?

제자 : 스포츠 폭력은 스포츠의 장에서 발생하는 폭력으로 그 유형으로는 신체적·정신적·경제적 피해를 주는 모든 행위입니다.

스승 : 스포츠 폭력의 유형을 더 구체적으로 이야기해 주렴.

제자 : 네, 그러면 스포츠인권센터에서 진행하는 찾아가는 스포츠 인권 교육의 자료를 인용하도록 하겠습니다. 스포츠 폭력의 유형은 "첫째, 신체적 폭력으로 신체적 트라우마 또는 부상을 야기시킬 수 있는 행위를 가하거나 선수의 존엄성 및 자존감을 약화시킬 수 있는 행위를 하는 것으로 밀치기, 발로 차기, 때리기, 던지기, 기합, 얼차려 등이 있습니다. 둘째, 방관자 입장의 폭력으로 폭력을

행사하는 가해자와 피해자를 제외한 집단 구성원들이 폭력 행동을 무시하거나 모른 체하기, 혹은 폭력을 암묵적으로 묵인하고 지지하는 것으로 폭력을 보고도 못 본 척하기, 눈감아 주기, 도움 요청 거절하기, 묵인하기가 있습니다. 셋째, 정신적 폭력으로 이는 다시 언어적 행위, 관계적 행위, 타인의 의사결정에 대한 행위 세 가지로 분류하고 있습니다. 처음 언어적 행위는 말이나 욕설 등으로 감정을 상하게 하거나 상대방을 인격적으로 모욕하는 것으로 고함과 욕설, 외모 비하, 협박 등이 여기에 속합니다. 그리고 관계적 행위는 은밀하고 반복적으로 여러 사람 앞에서 모욕이나 겁을 주거나 따돌리는 것으로 무시하기, 따돌리기, 비웃기 등이 있습니다. 마지막으로 타인의 의사결정에 대한 행위로 개인의 할 일이나 시간을 임의로 조정하거나 원치 않는 행동을 수행하도록 강제하는 것으로 심부름을 시키기, 음주 혹은 흡연 강요하기, 자유 시간 통제하기 등"(대한체육회, 2019)이 있습니다.

스승 : 자료가 구체적으로 잘 나와 있구나. 신체적 폭력과 정신적 폭력, 그리고 경제적 폭력은 쉽게 이해가 간다. 그렇지만 방관자 입장의 폭력은 쉽게 이해 못 하는 사람들이 있을 것 같구나.

제자 : 네, 우리 체육대학 학생들도 방관자 입장의 폭력이 진짜 폭력의 범주 안에 들어가는지 의문을 가진 친구들이 많

이 있습니다. 그리고 초·중·고등학교 학생들과 여러 다양한 스포츠 지도자들도 또한 이러한 의문을 가질 것이라고 생각합니다.

스승 : 내가 말하고 싶은 지점이 그것이다. 스포츠의 장에서 발생하는 폭력은 눈에 보이는 폭력보다도 눈에 보이지 않는 폭력이 더 심각하고 문제가 될 수 있다. 특히 폭력을 묵인하고 지지한다면 그 폭력은 정당화되어 스포츠에서 폭력의 상황들이 계속해서 확대 재생산될 것이다. 그리고 세상 사람들에게 보이지 않게 더욱 은밀하고 지능적으로 발생하게 될 것이다.

제자 : 네, 맞습니다. 그래서 스포츠의 폭력은 가해자와 피해자, 그리고 모든 사람들이 함께 풀어야 할 숙제인 것 같습니다.

스승 : 그러면 그 숙제는 어떻게 풀어야 하는가?

제자 : 네, 스포츠 폭력에 대한 전반적인 의식이 변화해야 한다고 생각합니다. 스포츠 폭력이 무엇이며, 스포츠 폭력의 유형은 어떻게 발생하고 있는가에 대한 이해와 인식들이 스포츠의 영역에서뿐만 아니라 전 국민에게 형성되어야 합니다. 아직도 잘못된 인식과 편견으로 스포츠를 바라보는 사람들이 많습니다. 이를테면 '운동하다 보면 다 맞고 크는 것 아니야, 그런 것도 못 참으면서 어떻게 운동을 하지' 등등 이러한 말들이 스포츠에서만 나오는 것이 아니라 스포츠와 다른, 그리고 상관이 없는 영역에서

도 나오고 있습니다. 이러한 상황들은 어쩌면 우리 스포츠가 자청한 일인지 모릅니다. 그래도 스포츠에서 발생하는 폭력들은 스포츠 자체의 자정 노력으로 어느 정도 바꿀 수 있지만, 스포츠가 아닌 다른 영역에서의 스포츠 폭력에 대한 잘못된 인식과 편견들은 쉽게 바꾸기가 어려울 것 같습니다.

스승 : 스포츠가 스포츠만의 전유물이 아닌 이상 이러한 상황들은 이제 당연하게 받아들여야 하지 않겠느냐. 그리고 먼저 스포츠 내실 다지기부터 해야 점차적으로 사회 전반에 걸쳐 인식의 변화가 생기겠지. 그런데 스포츠 폭력에 대한 인식의 변화로만 그 숙제를 풀 수 있겠느냐?

제자 : 아닙니다. 스포츠 폭력에 대한 인식의 변화와 함께 사회 전반적으로 스포츠 인권 교육이 제도적으로 형성되고 잘 운영되어야 한다고 생각합니다. 특히 매년 대한체육회에 선수나 선수지원요원을 등록할 때 보는 스포츠 인권 교육은 의무화로 되어 있어 동영상을 시청해야 등록할 수 있게 되어 있지만, 이 동영상으로는 한계가 있기 때문에 대면 교육이 더욱 활성화되어야 한다고 생각합니다.

스승 : 좋은 의견이지만, 스포츠 인권 교육에 있어 사각지대가 있을 것 같지 않느냐?

제자 : 네, 대한체육회에서 운영 중인 스포츠 인권 교육의 대상자는 선수, 지도자, 심판, 협회 및 연맹 관계자 등에게

실시되고 있습니다. 그러다 보니 선수가 아닌 체육인(여기에 속하는 사람들을 정의하기가 어렵지만, 이 장에서는 은퇴 선수, 엘리트 선수가 아닌 일반 체육인, 그해 대한체육회에 선수등록이 안 되어 있거나 상실한 선수 등)들에 대한 교육이 이루어지지 않을 수 있습니다. 여기에는 초중고 학생들도 있지만, 체육 계열 대학생들이 여기에 속한 경우가 많습니다. 이는 엘리트 선수가 아니어도 체육인이라고 볼 수 있고, 체육과 관련된 직업을 위해서 학업을 이어가고 있으며, 엘리트 선수였다가 은퇴하거나 잠시 부상으로 인한 휴식을 취하고 있기 때문에 이들에 대한 스포츠 폭력에 대한 인권 교육이 진행되어야 합니다.

스승 : 스포츠 인권 교육의 대상자가 대한체육회에 정해져 있느냐?

제자 : 꼭 그렇지는 않은 것 같습니다. 다만 여러 복합적인 이유가 있겠지만 핵심은 대한체육회에서 진행하는 교육 사업이기 때문에 그 대상자가 대한체육회에 등록된 선수나 지도자, 그리고 가맹단체들이 우선시되고 있지 않나 생각됩니다.

스승 : 그렇다면 스포츠 폭력에 대한 숙제를 제대로 풀 수 없지 않느냐? 요즘은 그래도 잠잠해졌지만 체육 계열 대학에서 매년 통과의례적인 행사였던 헤이징이나 평소에 이루어지는 반인권적인 상황들은 아직도 유효하지 않느냐?

제자 : 네, 맞습니다. 우리나라 모든 체육 계열 대학생들이 대한체육회에서 진행하는 스포츠 인권 교육을 현실적으로 다 받는 것은 어렵습니다. 그래서 체육 계열 대학에 이러한 문제들을 본질적으로 접근하여 교육과정과 여러 제도 등에서 다뤄져야 한다고 생각합니다. 스포츠윤리학, 스포츠철학, 스포츠인문학 등의 과목을 통해서 스포츠 폭력에 대한 실태와 예방 교육들이 이루어져야 하며, 국가 공인 스포츠 지도자 자격증 검정과정의 시험 및 연수 등에서도 스포츠 폭력과 관련된 인권 교육이 더 잘 운영될 수 있도록 노력해야 할 것 같습니다.

스승 : 이러한 생각들을 가진 체육 계열 대학의 구성원들과 체육 관련 관계부처 관계자들이 스포츠 폭력에 대한 인식이 먼저 변하지 않으면 이 또한 어려운 과제로 남겠구나?

제자 : 네, 맞습니다. 체육관련 모든 사람들이 인식이 변해야 합니다. 체육인들에게 폭력은 이제 없어져야 할 숙제이지만, 없어지지 않는 이유가 잘못된 인식이고, 거기에는 보상심리가 자리하고 있습니다. 더 빠른 선수들도 있지만, 보통 우리나라의 체육인이 되는 시기는 초등학교 저학년 때입니다. 그때 폭력에 대한 잘못된 인식들은 고학년이 되어도 변하지 않고 더 강화되어 피해자가 아닌 가해자가 되는 경우가 많습니다. 이러한 연결고리는 중학교, 고등학교 그리고 대학교까지 와서 이어지고 지도자가 되어서도 이어집니다. 그러면서 스포츠 폭력이 직

접적으로 행해지기도 하고 방관자 입장으로 행해지기도 하는 것입니다. 이러한 문제들은 어제오늘의 문제가 아닙니다. 그리고 스포츠 폭력이 관행처럼 이루어지거나 무지에 의해서 발생하기도 합니다. 위에서 언급한 방관자 입장의 폭력은 많은 사람이 "이것이 폭력인지 몰랐어요"라고 무지에 따른 스포츠 폭력의 면죄부를 받으려고 합니다.

스승 : 그래서 교육이 중요하며, 잘못된 인식과 무지에 따른 폭력들을 발생하지 않게 해야 하는 것이다.

제자 : 네, 우리가 할 수 있는 최선의 노력은 스포츠 폭력에 대한 교육을 제대로 하는 것이라고 생각합니다.

스승 : 제자여, 우리의 작은 노력들이 쌓이고 쌓이면 언젠가는 우리 스포츠에서도 이러한 뉴스나 이슈가 없어질 것이라고 생각한다.

스승 : 이 장의 주제는 스포츠 인권이지 않느냐?

제자 : 네.

스승 : 스포츠 인권에서 크게 다뤄지는 것이 스포츠 폭력과 스포츠 성폭력이라고 생각한다.

제자 : 네, 맞습니다. 대한체육회에서도 스포츠 인권 교육의 핵심은 스포츠 폭력과 스포츠 성폭력으로 규정하고 있습니다.

스승 : 그렇다면 스포츠 성폭력에 대해서 더 이야기해 보도록
하자. 그러면 스포츠 성폭력은 어떻게 정의되고 있느냐?

제자 : "스포츠 성폭력은 힘의 차이, 권력을 바탕으로 상대방의
의사에 반하여 성을 매개로 상대방의 성적 자기결정권을
침해하는 모든 폭력행위"(대한체육회, 2019)라고 정의되
고 있습니다.

스승 : 성폭력은 성적 자기결정권이라는 것이 중요한 잣대라고
할 수 있으며, 이를 침해하는 본질에는 힘의 차이라고 할
수 있다. 그래서 스포츠 성폭력 사건이 발생하면 힘과 권
력이 존재하고 영향을 미친다고 할 수 있지. 그러면 더
이해하기 쉽게 스포츠 성폭력의 유형에 대해서 말해 볼
수 있겠나?

제자 : 네, 스포츠 성폭력의 유형도 현재 스포츠 인권 교육의
내용들로 인용하도록 하겠습니다. 스포츠 성폭력은 신체
적 성폭력, 정신적 성폭력, 디지털 성폭력으로 구분할
수 있으며, 첫 번째로, 신체적 성폭력은 강간과 성추행
으로 다시 나뉩니다. 강간은 폭행이나 협박을 동반하여
사람을 간음하는 행위로 특정 선수의 약점을 트집 잡아
성관계를 강요하는 것입니다. 성추행은 성적인 흥분, 자
극 또는 만족을 목적으로 상대방의 동의를 얻지 않고
일어나는 간음 외의 성적 가해 행위로, 지도자가 파이팅
을 하자면서 신체 접촉(어깨 감싸기, 껴안기, 엉덩이 두

드리기 등)을 하는 것입니다. 두 번째로 정신적 성폭력은 언어적 성희롱과 시각적 성희롱으로 구분됩니다. 언어적 성희롱은 상대방의 의사와 상관없이 음란한 농담, 음담패설, 외모 평가, 상대방을 성적 대상으로 대하는 말과 행동 등을 하는 것입니다. 시각적 성희롱은 상대방의 의사와 상관없이 눈으로 인지가 가능한 행동을 통해 성적 혐오감이나 불쾌감을 주는 행위들로 훈련 중 노골적으로 가슴, 엉덩이, 다리 등 특정 신체부위를 빤히 쳐다보는 것입니다. 마지막으로, 디지털 성범죄는 "온라인상에서 상대방의 동의를 구하지 않고 원치 않는 성적 대화나 메시지를 전달하거나 유포함으로써 불쾌감, 위협감 등을 느끼게 하는 것으로 선배들이 성인비디오, 음란 사진을 채팅방에 공유하거나 함께 보자고 권유하는 것"(대한체육회, 2019) 등입니다.

스승 : 스포츠 성폭력 또한 우리 사회에서 발생하고 있는 성폭력들로 다른 영역에서보다 더 많이 발생할 수 있는 여건과 환경이 형성되어 있다고 할 수 있지. 특히 우리나라 여성 스포츠의 상황들을 보면 더더욱 스포츠 성폭력에 노출되어 있다고 볼 수 있으며, 여러 다양한 스포츠 성폭력 사건들로 이슈화되고 기사화되고 있지 않느냐?

제자 : 네, 맞습니다. 우리 사회도 많이 변했고, 사회관계망서비스가 활성화되면서 이제는 스포츠 성폭력 사건들이 수면

아래에서 위로 나오게 되었고, 전 세계적으로 일어난 미투(Me Too)운동이나 다른 매개체들을 통해서 많은 피해자가 용기를 내었기 때문입니다.

스승 : 그렇지, 스포츠 성폭력은 우리 사회의 모습을 단면으로 보여주고 있는 것으로 구조적인 면과 함께 스포츠 성폭력의 본질이라고 할 수 있는 힘의 차이라고 할 수 있다. 그리고 또 무엇이 있다고 생각하느냐?

제자 : 네, 저도 힘의 차이가 스포츠 성폭력의 본질이라고 생각합니다. 우리 사회의 힘의 차이는 권력을 만들어 내고 하나의 잘못된 문화를 형성하면서, 스포츠에서도 나타나고 있다고 봅니다.

스승 : 잘못된 문화란 무엇이냐?

제자 : 잘못된 문화는 스포츠에서 폭력, 성폭력을 발생하게 하는 원인이라고 생각합니다. 스포츠는 남성 중심이다 보니 여성들이 스포츠에 참여하는 자체가 어쩌면 성차별적인 상황들이 계속해서 발생하게 되는 것이고 그것이 하나의 잘못된 문화로 자리 잡았다고 생각합니다. 이러한 상황들은 또한 잘못된 이해와 인식을 만들어 내고 스포츠 성폭력이 발생할 수밖에 없는 구조와 상황들로 말미암아 스포츠 성폭력의 악순환이 생기는 것 같습니다.

스승 : 스포츠가 남성 중심이라는 것은 스포츠의 탄생부터 현재

까지 계속되어 온 하나의 이념처럼 쉽게 변하지 않고 보수적이며, 보편화된 명사인 것 같다. 그래서 여성이 스포츠를 하는 것부터가 차별이나 불평등하게끔 되어 있으며, 힘의 차이를 계속 보여주려고 한다. 그러다 보니 우리 사회에서 보편화된 상식과 도덕적인 기준은 옳고 그름이나 좋고 나쁨에 대한 가치를 더 혼란스럽게 하여 그래도 되는 것처럼 행동하는 사람들이 많은 것 같다.

제자 : 네, 교수님. 그런 사람들이 제일 무서운 것이죠. 겉으로는 한없이 따뜻해 보이지만 속은 그렇지 않으니 말입니다. 스포츠 성폭력 가해자의 변명이라고 하는 말들을 보면 정말로 더 화가 치밀어 오릅니다. 잘못된 것인 줄 알지만 나는 괜찮아. 너를 예뻐해서 그런 거고 너를 위해서라고 말하는 것을 봤을 때 가치판단의 기준이 상대방과 우리가 아닌 자기 자신이며, 그에게 힘과 권력이 있다면 자신의 기준은 더 자유로우니까요.

스승 : 그렇다면 스포츠 성폭력을 예방하기 위해서 무엇을 해야 하는가?

제자 : 네, 이 또한 스포츠 폭력처럼 스포츠 성폭력에 대한 인식의 변화와 함께 지속적인 교육이 이루어져야 합니다.

스승 : 스포츠 성폭력에 대한 인식의 변화는 어떻게 해야 이루어질 수 있겠는가?

제자 : 네, 스포츠 성폭력이 발생하는 문제를 제대로 바라보고, 성인지 감수성을 우리가 키워야 한다고 생각합니다.

스승 : 성인지 감수성에 대하여 이야기해 볼 수 있느냐?

제자 : 네, 성인지 감수성에 대한 정의를 인용하면, 성인지 감수성(Gender Sensitization, 性認知 感受性)이란, "성별 차이에 따른 불평등 상황을 인식하고 성차별적 요소를 감지하는 감수성으로 '젠더 감수성'이라고도 한다. 1990년대 중반, 주로 서구 사회에서 성적 불평등을 해소하기 위한 각종 정책의 주요 근거와 기준으로 제시된 개념이다. 성인지 수준은 시대, 상황, 조건에 따라 다르며, 개인의 삶이 속한 정서적 태도와 가치와도 연결된다. 한국 사회에서는 '젠더 감수성'이라는 표현으로 주로 사용되었으나 2018년 4월 성희롱 사건에 대한 대법원 판결문에 '성인지 감수성'이라는 표현이 인용되면서 법률적 용어로도 통용되기 시작했다"(다음백과사전, 2020)고 합니다.

스승 : 성인지 감수성은 인용한 내용에서처럼 시대나 상황의 조건에 따라 다르므로 스포츠에서의 성인지 감수성에 대한 이해와 인식의 형성이 무엇보다도 중요하며, 스포츠 성폭력 예방의 시작이라고 할 수 있겠구나.

제자 : 네, 그래서 스포츠에서는 성인지 감수성을 포함한 스포츠 인권 교육이 진행되고 있습니다. 그렇지만 스포츠 인권 교육 대상자가 위에서 언급된 사람들에게만 국한되어

있어 이제는 교육자와 피교육자뿐만 아니라 스포츠와 관련된 모든 사람에게 스포츠 인권 교육이 행해져야 하고 다 함께 노력해야 한다고 생각합니다.

스승 : 우리 사회에서 스포츠가 하나의 문화이면서 제대로 된 가치를 만들어 가려면 최소한의 도덕이 필요한 것이고, 스포츠에서는 이를 스포츠 윤리라고 명명하고 있지. 그래서 스포츠 인권은 스포츠 윤리와 불가분의 관계에 있다고 할 수 있지. 현재 스포츠에서도 스포츠 윤리의 필요성과 함께 여러 현상이 일어나고 있지 않느냐? 위에서 언급한 대로 스포츠 인권 교육과 국가공인 스포츠 관련 자격검증 및 연수과정에서도 제도화, 정형화되어 있는 걸 보면 말이다.

제자여, 그렇다면 이러한 현상들에 대하여 어떠한 생각이 드느냐?

제자 : 네, 작금의 스포츠에서 스포츠 윤리가 대두되고 꼭 필요한 영역으로 자리매김하고 있어 이를 전공한 한 사람으로서 기분이 좋지만 다른 한편으로는 스포츠가 비윤리적이고 반인권적인 상황들이 계속 발생하고 있다는 반증이기도 하여 마음이 그리 편하지 않습니다.

스승 : 불편한 마음이 생긴다는 것은 우리가 더 많은 노력을 해야 한다는 것이지 않겠느냐?

제자 : 네, 저도 제가 맡은 부분에서 최선의 노력을 다하도록 하겠습니다.

03
승부조작

　스포츠에서 승부조작은 법과 원칙을 벗어난 비윤리적이면서 범죄행위이다. 여러 연예인이나 유명한 사람들이 도박과 함께 불법 스포츠토토에 빠져 팬들의 실망과 사랑이 멀어져 활동을 중단하는 사태가 종종 발생하고 있다. 굳이 유명인이 아니어도 주위에서 일반 국민에게 이러한 현상들은 쉽게 찾아볼 수가 있을 정도로 불법 스포츠토토가 만연해 있다고 해도 과언은 아니다.

　그렇다면 불법적인 스포츠토토가 왜 승부조작하고 관계가 있는가 하면 합법적인 스포츠토토는 사회 공헌과 함께 여러 다양한 목적을 가지고 도입되었지만, 세상에는 양이 있으면 음이 있듯이 스포츠토토 또한 합법보다는 불법의 상황들이 더 많이 노출되고, 승부조작하고도 연결되면서 일반 대중들과 스포츠를 위험에 빠트리고 있다. 이에 이 장에서는 스포츠와 승부조작에 관하여 가치론적 접근을 하고자 하였다.

스승 : 스포츠는 각본 없는 드라마라고 하는데 이런 이야기를 들어본 적이 있느냐?

제자 : 당연히 많이 들어봤습니다. 특히 스포츠를 할 때보다는 스포츠를 볼 때 그렇습니다.

스승 : 스포츠의 결과가 예측 가능하면 보는 재미가 떨어질 수밖에 없겠지. 그렇지 않느냐?

제자 : 네, 드라마는 결과를 알아도 보지만 스포츠는 결과를 알면 처음부터 끝까지 보지는 않는 것 같습니다.

스승 : 그래서 드라마는 재방송을 하지만 스포츠 경기는 재방송을 하지 않지. 혹시 스포츠 경기를 재방송하는 것을 봤느냐?

제자 : 재방송은 방송사 입장에서도 그렇고 스포츠를 좋아하는 시청자들도 그렇고 잘 안 보게 됩니다. 그렇지만 스포츠 하이라이트나 멋진 플레이에 대한 장면은 한두 번이 아니라 계속 보게 됩니다. 단, 전체 장면보다는 그 장면만 봅니다.

스승 : 이는 스포츠뉴스 시간에 익숙해져서 그렇고, 스포츠 결과를 알고 있는 이상 그 전체 장면보다는 승패를 가르는 중요하고 멋진 장면만 보고 싶어서 그렇기도 하겠지. 그런데 이것은 스포츠의 현실에 관한 이야기이지 스포츠의 본질에 관한 이야기는 아니지. 이것에 대해서 더 깊게 이야기해 보자.

제자 : 네, 스포츠의 결과와 스포츠의 본질에 관한 것입니까?

스승 : 그래. 스포츠의 역동성은 스포츠의 승패를 예측 불가능하게 하지. 이것에 대하여 이야기해 줄 수 있느냐?

제자 : 스포츠를 보는 관점으로 역동성은 스포츠를 더욱 재미있게 만듭니다. 전 세계에서 가장 인기 있는 스포츠 중의 하나인 축구는 역동성이 잘 보인다고 할 수 있습니다. 국제축구협회(FIFA: Federation Internationale de Football Association, 이하 FIFA라고 함)에서는 국가별로 FIFA 월드 랭킹을 발표합니다. 여기에는 당연히 1등도 있고 최하위 랭킹도 존재합니다. 단일종목으로 전 세계의 축제인 월드컵(World Cup)은 예선의 과정을 거쳐 4년마다 열리게 되는데 이때 FIFA 월드 랭킹은 국가별 승패를 객관적으로 해석하는 데 중요한 자료로 사용됩니다. 그렇지만 본선 경기에서 랭킹의 순위가 모든 경기에서 승패를 좌우하는 것이 아니며, 많은 이변이 발생하면서 그 중심의 스포츠 역동성이 축구를 가장 인기 있는 스포츠로 만들었다고 생각합니다.

스승 : 축구가 세계에서 가장 인기 있는 본질에는 역동성만이 있는 것이 아니지 않느냐?

제자 : 네, 축구는 다른 스포츠에 비해 단순하기도 하고, 스포츠의 기본 개념인 경쟁을 통한 탁월함을 추구하는 것이 더욱 잘 보이기도 하며, 신체 우위의 스포츠(농구, 배구

등)에 비해 신체적인 평등성이 있기도 합니다. 이러한 것들이 종합적으로 축구에 존재하는 것과 함께 결과에 대한 예측 불가능한 것이 현재의 축구가 가장 인기 있는 스포츠가 되었다고 생각합니다.

스승 : 그렇다면 축구에서 역동성에 대해 더 이야기해 주렴.

제자 : 2002 한일 월드컵에서 우리나라가 4강을 간 적이 있습니다. 이때 FIFA 월드 랭킹이나 객관적인 전략 면에서 우리나라는 4강에 들어 있지 않았습니다. 홈그라운드의 이점과 함께 외국인 감독의 용병술, 그리고 전폭적인 응원도 있었지만, 축구장 안에서의 승패를 알 수 없는 역동적인 우리나라 선수들의 플레이가 있었기 때문에 가능했다고 생각합니다.

스승 : 축구에서 또 다른 역동성이 있느냐?

제자 : 축구는 다른 스포츠 경기와는 다르게 역동성을 더 추구하는 것 같습니다. 축구선수들의 역동적인 플레이에 더 집중하기 위해서 다른 프로스포츠 종목에 존재하는 치어리더가 없는 것 또한 역동성을 더 추구하고 있기 때문이라고 생각합니다. 스포츠에서 치어리더의 존재는 복합적으로 이야기해야 하지만, 축구에서는 역동성에만 국한하여 이야기하자면, 다른 스포츠에서 비해 축구의 경기는 전반과 후반 사이에 휴식 시간을 제외하면 경기가 끊어지지 않게 진행됩니다. 큰 부상자나 응급상황이 아

니면 신속한 경기 재개를 위해 경기장 밖으로 내보내고 바로 경기를 진행하며, 그 끊어진 시간만큼 더 경기를 하게 되어 있습니다. 그리고 교체할 때 또한 빠른 교체를 요구합니다. 이는 축구의 역동성을 보여주는 것이며, 그로 인하여 치어리더가 필요하지 않은 이유이고 축구 현장에서는 치어리더가 없이 경기하는 것입니다.

스승 : 그러면 다른 프로스포츠 종목에서 치어리더가 존재하는 이유는 무엇이냐?

제자 : 다른 스포츠 종목 중에 농구는 4쿼터로 이루어지면서 그 중간에 휴식하며, 경기하는 동안에는 타임아웃(작전, 선수교체 등)이 있기 때문에 치어리더가 존재하는데 그 역할이 큰 것 같습니다. 야구 또한 9회까지 이닝이 교체될 때마다 휴식이라는 틈과 함께 경기하는 동안에 여러 다양한 타임아웃으로 경기를 잠시 중지하는 일들이 많으며, 특히 우리나라에서 야구의 응원문화와도 깊은 연관이 있어 야구에서의 치어리더는 선수 이상의 존재와 사랑을 받고 있습니다.

스승 : 선수들에게 경기 중에 휴식이나 타임아웃은 경기에서 승리를 위한 하나의 전략적인 것이다. 여기에서 보는 사람(경기장 관중이나 시청자)들은 경기에 같이 참여할 수가 없기 때문에 우리에게 응원과 함께 여러 볼거리를 서비스하고 있는 것이지. 인기 있는 스포츠일수록 경기장에

서 선수들의 역동적인 플레이가 많이 나온다고 할 수 있지. 그런데 이 역동성이 왜곡되거나 인위적으로 조작되었다면 그 스포츠의 인기와 존재는 이어질 수 있을까?

제자: 스포츠의 기본 개념인 공정한 경쟁이 이루어지지 않고 탁월함을 추구하는 것이 아닌 결과를 미리 정해 놓고 역동성이 없는 경기가 흘러간다면 많은 사람이 외면하고 싫어하게 되는 것은 당연하며, 승부조작의 선수, 팀 그리고 관련자들에 대한 인기와 함께 존재는 없어질 것으로 생각합니다.

스승: 그렇다면 승부조작을 하는 이유가 무엇이라고 생각하느냐?

제자: 스포츠에서 승부조작은 그만큼의 이익이 생기기 때문이라고 생각합니다.

스승: 스포츠에서 승부조작은 여러 방면에서 다양하게 존재하고 있다. 이에 하나씩 알아보도록 하자. 먼저 승부조작의 정의는 어떻게 되느냐?

제자: 네, 승부조작에 대한 사전적 의미에 대해서 인용을 하면 "승부조작(勝負造作)은 스포츠에서 금전적 이득을 취하기 위해 경기가 시작되기 전부터 경기 결과나 과정을 미리 결정한 뒤 이를 시행해 경기를 조작하는 범죄행위로 국민체육진흥법 위반 사항이다. 승부조작은 스포츠에 대한 신뢰와 권위를 크게 훼손시키며, 때로는 구단의 규

모 축소나 해체로 이어지기도 한다. 승부조작에는 도박과 베팅이 연루된 경우가 많지만 국가적인 규모의 승부조작의 경우 도박과 상관없이 자국의 대표 팀을 다음 라운드에 진출시키기 위해 상대 팀과 짜고 승부를 조작하기도 한다"(위키백과사전, 2020)고 되어 있습니다.

스승 : 우리가 흔히 이야기하는 스포츠에서의 승부조작은 불법도박과 연관해서 이해하는 경우가 많다. 이는 우리 사회에서 이러한 사건 사고들이 지속해서 이슈화되고 기사화되고 있기 때문이다. 승부조작과 불법도박은 뒤에서 이야기하고 먼저 진학과 관련하여 이야기해 보자.

제자 : 스포츠는 경쟁을 통해 승패를 겨루는 것으로 그 승리에 따라 학생선수들에게는 좋은 환경의 학교로 진학하게 됩니다. 우리나라가 학벌사회라는 것은 스포츠도 예외가 아니죠. 스포츠를 통해서 일반 엘리트 학생들이 갈 수 있는 대학에도 들어갈 수 있죠. 체육특기자 전형이 있으니 말입니다. 우수한 체육인을 위해서 만든 이 제도가 원래 취지에 어긋나 악용되는 사례들은 여러 매체 등을 통해 쉽게 접할 수 있습니다. 이 또한 승부조작의 기본 개념인 이익이 따르기 때문입니다. 선수에게는 원하는 학교에 진학을 할 수 있어 이익이고, 그 중간에 있는 사람은 그에 따른 이익을 보니 그렇고, 대학의 관계자 또한 그 이익과 함께하고 있으니 진학에 따른 승부조작은 없어지지 않고 존재한다고 봅니다.

스승 : 구체적으로 이야기해 주겠나?

제자 : 진학을 위해 꼭 필요한 경기 실적이 학교와 학생선수들에게는 있습니다. 만약 A팀에서는 진학에 필요한 경기 실적이 충족되어 있다면, 다른 경기에서는 크게 무리 없이 경기에 임해도 될 것입니다. 그래도 전체 경기 일정 소화를 위해 경기에 나오지만 그전에 보여줬던 역동성이 발휘되지 않으면, 이를 지켜본 많은 사람은 실망하게 될 것입니다. 선수들의 부상 방지와 경기력을 위해서 그랬다고 할 수 있지만, 그 실체가 다른 팀의 진학을 위해 금전적 이익과 함께 진학에 대한 승부조작이라면 이것은 다른 이야기가 되는 것이죠. 도덕적인 문제뿐만 아니라 범죄행위가 되는 것입니다.

스승 : 그렇지만 다음 경기를 위해서 전략적으로 지기도 하는데 이것을 승부조작이라고 할 수 있겠느냐?

제자 : 위에서 언급한 승부조작의 정의에서도 승부조작은 스포츠의 신뢰와 권위를 크게 훼손하는 것입니다. 다음 경기와 대진표에 유리한 위치를 차지하기 위해서 승부조작을 하는 것은 그것이 어떠한 금전적 이득이 아닌 전략적이라고 해도 윤리적으로 비난받아야 한다고 생각합니다. 스포츠는 정정당당하게 그리고 역동성 있게 경기를 진행한다면 더 많은 신뢰와 인기를 얻을 수 있습니다. 그런데 우승이나 결승전에 가기 위한 목적으로 힘든 팀을

미리 차단하고 피하는 방편으로 어떤 경기를 일부러 진다면 이 또한 많은 비난과 스포츠 자체의 신뢰를 훼손시키는 일이라고 생각합니다. 그리고 그렇게 해서 우승을 했다고 한다면, 그에 따른 부와 명예가 정정당당한 것인지 아니면 전략적으로 영특하게 한 것인지는 사람들의 가치판단이라고 생각합니다만 저 개인적인 생각은 정정당당하지 않다고 생각합니다.

스승 : 승부조작의 핵심에는 금전적 이익이나 다른 어떠한 이득을 얻고자 하는 것인데 일부러 지는 것의 본질 또한 우승이나 다음 경기에서 이득을 얻고자 하는 행위 아니겠는가? 이에 대한 판단은 선수들에게 있지만 이를 조정하거나 그래도 된다고 하는 여러 다양한 사람들의 인식은 스포츠를 결과중심주의, 승리제일주의를 더욱 견고하게 하여 일부러 지더라도 나중에 우승하면 아무런 문제가 없다는 것을 구조화하고 있는지 모르겠구나.

제자 : 스포츠의 본질과 그 가치를 유지하고 증진하기 위해서는 선수, 지도자, 스포츠와 관련된 자, 그리고 일반 대중들 모두가 노력하는 것으로 스포츠에서 승부조작에 대한 제대로 된 이해와 인식 또한 그러하다고 생각합니다. 스포츠에서 승부조작은 선의를 위해서 했다고 해도 그것은 엄연히 잘못된 행위인 것입니다.

스승 : 이제는 승부조작과 불법도박에 대해서 이야기해 보자.

제자 : 네, 진학과 승리를 위한 승부조작은 스포츠의 권위와 신뢰를 훼손시키지만, 여기에 불법도박과 연관이 되면 이제는 범죄행위가 되는 것입니다.

스승 : 그러면 스포츠에서 승부조작과 불법도박이 어떻게 형성된 것이냐?

제자 : 우리나라의 기준으로 스포츠에서 승부조작과 불법도박이 처음부터 존재하기보다는 스포츠토토가 제도화되면서 다른 한편으로는 음성화되고 불법화된 것들이 승부조작과 연결되었다고 볼 수 있습니다.

스승 : 승부조작과 불법도박을 먼저 이야기하기 전에 스포츠토토에 대하여 이야기해 주렴.

제자 : 스포츠토토의 사전적 의미는 2001년 도입된 체육진흥투표권(체육복표)의 명칭입니다. 축구, 농구, 야구 등의 경기를 대상으로 경기 결과를 예측하여 실제 경기 결과에 따라 순위별로 환급금을 받는 게임입니다. 구매가격 1매당 1,000원, 1회 투표금액은 1인당 10만 원 이하로 제한하고 있습니다. 전체 매출액의 50%가 당첨금으로 돌아갑니다. 25%는 위탁사업자의 몫이며, 나머지 25%는 체육진흥기금으로 체육 관련시설 건립, 기금 출연, 경기 주최단체 지원, 기타 문화, 체육사업 지원 등에 쓰인다(매경시사용어사전, 2020)고 합니다.

스승 : 스포츠토토의 취지는 전반적인 체육 발전에 도움이 되기 위해서 만들어졌다. 그런데 오히려 스포츠 발전에 악영향을 미치고 있다면 이에 대한 충분한 논의와 탐구가 이루어져야 하지 않겠느냐?

제자 : 네, 맞습니다.

스승 : 스포츠에서 경기의 승패는 예측 불가능한 역동성이 있어야 더 많은 인기와 재미가 있다고 이야기하고 있지 않느냐? 그런데 스포츠의 역동성이 사행성을 부추기고 있는 것은 아닌지 모르겠다.

제자 : 네, 경기의 승패를 명확히 알 수 있는 경기에서는 많은 사람이 관심을 두지 않는 것 같습니다. 그래서 그 경기에 대한 관심을 두기 위해서 여러 장치(라이벌전, 디비전, 고배당 등)들이 적용되고 있죠. 이는 뻔한 경기이지만 역동성이 있는 경기를 보고 싶기 때문입니다. 그런데 고배당이 있는 경기는 그만큼 누군가가 금전적 이득을 많이 볼수 있게 되어 있습니다. 합법적인 틀에서의 스포츠토토의 배당은 한계가 있기에 더 많은 이득을 위해서 불법적인 사설불법도박이 성행하게 되는 것입니다.

스승 : 요즘 스포츠에서는 과학적인 통계와 수치로 경기에 임하고 있기 때문에 승패에 대한 결과가 우연으로 형성되는 것이 극히 드물지 않느냐?

제자 : 네, 그래서 합법적인 틀에서 스포츠토토보다는 불법적인 사설 스포츠토토가 번지고 있는 것 같습니다. 단순히 승무패가 아닌 여러 형태의 배팅들이 존재하고 있으며, 더 많은 배당으로 사람들을 유혹하고 있습니다. 불법 스포츠토토 또한 도박으로 호기심에 의해서 시작한 배팅이 중독이 되어 많은 피해가 발생하고 있습니다.

스승 : 여러 형태의 배팅에 대하여 구체적으로 이야기해 주렴.

제자 : 스포츠토토를 모방한 불법(사설) 스포츠토토는 다양한 배팅을 할 수 있게 되어 있습니다. 예를 들면, 언론에서도 나온 우리나라 프로야구에서의 경우로 선발투수가 첫 타자에게 볼넷을 줄 것인가에 대한 배팅을 하게 한 것입니다. 이제는 스포츠에서 승부조작이 지능화되어 전체적인 승부를 조작하는 것이 아닌 야구에서 그날의 선발투수를 미리 포섭하여 사설 스포츠토토 사이트에서 승부조작을 하는 것입니다. 그리고 많은 스포츠에서 이러한 형태로 여러 다양한 배팅(야구의 첫 볼넷, 농구의 첫 3점 슛 성공이나 자유투 성공과 실패, 축구의 첫 슈팅, 배구의 첫 블로킹, 쇼트트랙의 우승한 선수의 모자 색깔이나 스케이트 색깔 등)을 하게끔 되어 있는데, 이것들이 무조건 승부조작과 연결되어 있다고는 할 수 없지만, 사행성을 조장하여 스포츠의 본질과 그 가치를 떨어뜨리고 있는 것은 사실입니다.

스승 : 사설 스포츠 사이트에서는 더 많은 배당과 여러 다양한 배팅들이 난무하고 있으니 여기에 쉽게 빠진 선수, 지도자, 스포츠 관계자, 그리고 일반 대중들이 도박 중독과 함께 직접 승부조작에 가담하고 연루되기까지 하고 있지 않느냐? 이러한 현상들이 왜 발생하고 있는지 이야기해 보자.

제자 : 네, 일단은 사설 스포츠 사이트는 우리나라의 스포츠뿐만 아니라 전 세계의 스포츠에 배팅할 수 있으며, 24시간 동안 할 수 있습니다. 또한 정해진 시간이 없기 때문에 한번 빠지면 쉽게 나오기가 어려우며, 많은 미성년자나 스포츠를 좋아하는 사람들이 이것을 불법이거나 잘못된 행동이라고 받아들이지 않고 있기 때문입니다.

스승 : 전반적인 스포츠토토에 대한 인식의 변화가 필요하겠구나. 그럼 잘못된 행동이라고 생각하지 않는 이유가 무엇이라고 생각하느냐?

제자 : 요즘 청소년들에게 스마트폰은 거의 다 가지고 있습니다. 사설 스포츠 사이트에 접근하는 것 또한 그렇게 어렵지도 않고요. 이러한 상황에서 합법적인 스포츠토토가 존재하고 있지만, 연령제한으로 인하여 청소년들은 사설 스포츠토토에 더 접근하게 된 것입니다. 그런데 청소년들뿐만 아니라 대학생, 직장인, 가정주부 등 다양한 사람들이 이 사설 스포츠토토를 하는 것을 불법이고 잘못된 것이 아

닌 단순히 스포츠 경기를 공부하고 연구하여 아르바이트
비나 용돈을 벌기 위해서 하는 것으로 인식하고 있다는
것입니다.

스승 : 스포츠를 진정으로 좋아한다면 이러한 인식과 사설 스포
츠토토를 이용하지 않겠지. 자본주의 사회에서 스포츠와
자본은 이제 불가분의 관계를 형성한 지 오래다. 본인들
의 노력으로 돈을 버는 것은 비난할 수 없지만, 그 방법
이 부당한 돈을 벌기 위한 목적과 함께 스포츠를 훼손
시키는 일이거나 동조하는 행위라면 용서받지 못해야 하
지 않겠느냐?

제자 : 네, 아무리 스포츠토토가 합법적 사행산업이라고 해도 기저
에는 도박과 승부조작을 야기할 수 있어서 이에 대한 예방
과 방지를 위한 프로그램과 제도들이 형성되어야 합니다.

스승 : 스포츠와 도박, 그리고 승부조작의 기저에는 무엇이 있
는지 예를 들어 볼 수 있느냐?

제자 : 네, 월드컵처럼 전 세계인들이 보는 축구 경기에서 자주
도박사들은 어떤 팀에 배팅하겠다고 하지 않나요? 그것
을 우리는 재미와 가십거리로 즐기면서 말입니다. 이러
한 상황들은 스포츠와 도박을 단순히 재미나 하나의 놀
이로 인식하여 우리에게 아무렇지 않게 받아들여지고 있
으며, 사설(불법)은 기존의 합법적인 틀이 아닌 이용의
편리함(24시간, 프로 및 아마추어 등 모든 스포츠에 배

팅)과 함께 금액 상한선도 없으며, 결과에 대한 승부조작과 함께 과정에 대한 승부조작을 통하여 더 많은 배팅 환경과 돈에 대한 욕구의 창고를 만들어 주고 있는 것으로 생각합니다.

스승 : 합법적인 스포츠토토는 우리가 흔히 말하는 인기 스포츠이자 프로리그가 형성된 스포츠에만 국한되어 있는데, 사설(불법)은 비인기 종목과 아마추어 경기에도 여러 다양한 배팅 환경을 만들어서 선수와 지도자들을 유혹하고 있지 않은가?

제자 : 네, 프로스포츠는 불법 스포츠 도박과 승부조작에 관한 여러 사례가 있어 이를 예방하고 방지하기 위한 노력들이 있습니다. 그렇지만 아마추어 경기에서는 이러한 제도들이 아직 제대로 형성되어 있지 않아 불법 스포츠 도박과 승부조작의 연결고리와 표적이 되고 있습니다.

스승 : 우리나라에서는 인기 스포츠와 비인기 스포츠, 프로스포츠와 아마추어스포츠의 간극은 크다. 여기서 스포츠를 구분하는 것의 기준이나 가치판단은 무엇이냐?

제자 : 현재는 자본이라고 생각합니다.

스승 : 부정할 수 없는 사실이다. 스포츠에서 자본이 없으면 운영 자체가 되지 않는 것이 우리나라 스포츠의 현실이며, 아마추어스포츠와 프로스포츠의 모든 스포츠가 그렇지 않느냐?

제자 : 네, 스포츠에서 자본은 필요합니다. 그런데 돈만의 목적을 가지고 불법 스포츠와 승부조작이 너무나 쉽게 발생하고 범죄로도 인식하지 않는 작금의 상황들은 스포츠의 권위와 신뢰를 훼손하는 것을 넘어 스포츠의 존재와 가치를 부정하게 되는 것입니다.

스승 : 불법 스포츠와 승부조작에 대하여 스포츠의 윤리와 도덕적인 잣대로 이 상황을 해결하기에는 역부족이지 않느냐?

제자 : 네, 맞습니다. 그렇지만 법은 최소한의 도덕인 것처럼 그 도덕적 판단에 대한 엄중한 법과 제도들이 형성되어야 한다고 생각합니다.

스승 : 법은 강제성이 있기 때문에 불법 스포츠와 승부조작을 근절하기 위한 좋은 방법이다. 그렇지만 불법 스포츠와 승부조작에 관한 잘못된 이해와 인식에 관한 것들은 어떻게 해결해야 하는 것이 좋으냐?

제자 : 불법 스포츠와 승부조작에 있어 표적이 되기도 하고 직접 승부조작에 참여하기도 하는 스포츠 선수와 지도자들에 대한 예방과 방지를 위한 교육을 의무화시켜야 한다고 생각합니다. 통상적으로 하는 한두 번의 교육이 아닌 제도화된 교육으로 그 교육을 이수하지 않으면 경기 출전에 영향을 미치게 하는 것입니다. 그리고 엘리트 선수가 아닌 체육 계열 학생들에게도 이러한 교육을 시행하여야 합니다.

스승 : 체육인이라고 할 수 있는 모든 사람에게 교육이 이루어져야 한다는 말이냐?

제자 : 네, 맞습니다. 체육학의 하위 학문 영역에서는 체육통계학이 있습니다. 그리고 프로스포츠에서는 스포츠 분석과 관련된 일(직업)이 있습니다. 이 직업은 최근 체육 계열 학생들에게 많은 관심과 선망의 대상이 되기도 합니다. 그런데 스포츠 분석을 열심히 공부하고 연구하는 학생 중에 불법 스포츠토토로 일탈하는 친구들이 있습니다. 그 비중은 갈수록 많아지고 있습니다. 이 동력에는 스포츠 도박과 승부조작에 대한 잘못된 이해와 인식이 있기 때문이라고 생각합니다.

스승 : 그렇다면 체육 계열 대학에서 엘리트 학생선수는 승부조작에 가담하고 같이 공부하는 학생들은 사설 스포츠토토에서 배팅을 하고 있다는 것 아니냐?

제자 : 네, 그래서 큰 문제이며, 모든 체육 계열 대학생들에게 불법 스포츠와 도박에 관하여 교육이 이루어져야 하는 이유이기도 합니다.

스승 : 교육이 필요한 이유를 더 구체적으로 이야기해 주렴.

제자 : 일반 엘리트 선수들과 지도자들은 매년 대한체육회에 등록할 때 도핑과 스포츠 인권에 관한 동영상을 시청(이수)하여야 등록을 하게 되어 있습니다. 이 또한 교육의

효과가 떨어질 수 있어 지속적으로 도핑과 인권 교육이 대면으로 이루어지고 있습니다. 그리고 프로스포츠 선수들은 도핑과 스포츠 윤리 교육이 이루어지고 있으며, 한국대학스포츠총장협의회[2]에서 진행하는 교육 또한 존재합니다. 그렇지만 불법 스포츠 도박과 승부조작에 관한 스포츠 윤리 교육이 모든 체육인에게 이루어지지 않고 있기 때문에 이에 대한 제도 개선과 함께 인식의 변화를 도모해야 합니다.

스승 : 나부터 스포츠의 역동성이 유지되고 불법 스포츠와 승부조작이 없는 사회를 위하여 현장에서 많은 노력을 해야겠구나.

제자 : 네, 저도 제가 속한 곳에서 열심히 노력을 하도록 하겠습니다.

스승 : 오늘도 좋은 이야기를 해줘서 고맙다.

제자 : 저야말로 감사합니다, 교수님.

---

2) 대학 스포츠의 건전한 육성과 발전을 도모하고, 대학 스포츠의 본질을 회복하여 스포츠의 선진화를 이루고자 설립된 협의회. 2009년 11월 14일에 설립되었으며, 학생 선수 관리, 대학 경기 운영, 인프라 마케팅 등을 주요 업무로 한다(다음한국어사전, 2020).

제 4 부

·
·
·

현상학

01

현재의 스포츠

현재는 과거의 산물이다. 현재의 스포츠는 과거부터 현재까지의 우리 사회의 산물 중의 하나이지만 부산물처럼 치부하는 경향이 있다. 이에 이 장에서는 현재의 스포츠와 스포츠에서 철학이 왜 필요한지에 대하여 전반적인 이야기를 하고자 한다.

스승 : 스포츠에서 철학이 필요한 이유가 무엇이냐?

제자 : 스포츠철학의 존재에 관한 질문이기 때문에 교육적·학문적·사회적·문화적 등의 종합적인 답을 해야 할 것 같습니다.

스승 : 그만큼 스포츠철학이 하나의 학문 이상으로 우리 사회에서 자리매김하고 있어서 너의 대답이 종합적일 수가 있겠구나. 그렇지만 이것은 스포츠철학을 전공하고 연구하는 일부에게만 국한된 것이 아닐까?

제자 : 네, 아직도 체육학의 하위 영역에 관한 학문 분야를 잘 모르는 일반 사람들이 많습니다. 그리고 체육학 전공자들도 스포츠철학이나 체육사, 스포츠인류학 등의 스포츠인문학에 대해서 어렵거나 힘든 분야로 인식하여 다시 저에게 전공하는 이유를 묻곤 합니다.

스승 : 혹시 그런 질문들이 스포츠철학을 더욱 발전하게 하는 동력이라고 생각되지 않느냐?

제자 : 네, 스포츠철학에 대하여 더욱 생각하게 하고, 과연 스포츠철학이 체육학에서, 그리고 우리 사회에서 어떠한 역할을 할 것인가에 대하여 더욱 깊게 사고하게 됩니다.

스승 : 철학(Philosophy)의 용어는 지혜에 대한 사랑에서 유래한 것처럼 지식을 실천하는 것은 지혜가 되는 것이고, 이 자체를 사랑하는 것이 철학이 아니겠는가?

제자 : 철학의 용어 자체가 우리 사회에서 철학이 필요한 이유라고 생각합니다. 지식정보화사회에서 사는 우리에게 철학은 말장난이 아닌 진리를 추구하는 실천적이고 능동적인 학문이라고 생각합니다. 여기에 스포츠도 마찬가지로 실천이 따르지 않으면, 아무리 좋은 이론과 지식을 가지고 있어도 무의미하게 되는 것입니다. 이에 스포츠와 철학의 만남은 필수 불가결하다고 생각합니다.

스승 : 스포츠의 실천이 중요한 이유에 대하여 더 이야기해 보렴.

제자 : 스포츠도 하나의 학문체계를 형성하면서 과학적인 이론과 연구방법을 통하여 더 많은 이론 형성과 스포츠 발전을 가져오고 있습니다. 우리 사회 전반에 있어 건강함의 추구는 스포츠와 밀접한 관련이 있으며, 스포츠는 과학적인 이론과 실천으로 스포츠 관련 이론과 지식을 더욱더 전문적이고 객관적으로 만들고 있습니다. 그렇지만 많은 사람은 이러한 지식을 알지만, 실질적으로 실천하지 못하는 경우가 많습니다. 이는 건강함에 대한 진정한 지식이 아니라고 생각합니다.

스승 : 이제는 어떻게 하면 건강하고 아름다운 몸을 갖는지에 대하여 쉽게 알고 있다. 그렇지만 현대사회에서 사람들은 더욱 몸이 비대해지고, 이에 따른 여러 다양한 질병들과 싸우고 있다. 여기에는 실천적 의지들이 부족하기도 하며, 잘못된 정보로 인하여 그럴 수도 있다. 대게는 전자에 속하는 경우가 많지 않느냐?

제자 : 네, 저도 체육학을 전공했다고 하면 많은 사람은 모든 운동을 잘한다고 생각하며, 배에 왕 자도 있을 것으로 생각합니다. 그렇지만 제 몸의 현실은 그렇지 않습니다. 예전에는 그래도 괜찮았다고 말은 하지만 현재의 제 몸이 다 이야기해 주고 있죠.

스승 : 하하하. 나에게도 항상 따라다니는 이야기다. 스포츠에서 실천의지는 매우 중요한 것이라는 것을 우리 스스로에게

답을 얻고 있구나. 그럼 다른 사례들을 이야기해 보자.

제자 : 건강함을 추구하기 위해서는 자신의 몸을 알아야 합니다. 스포츠 경기에서도 우리 팀의 객관적인 전략을 알아야 거기에 맞는 상대 팀을 분석하고 전략을 세우는 것처럼 말입니다. 다시 우리는 우리의 몸을 제대로 알기 위해서는 병원의 과학적인 시스템을 통하면 되며, 거기에 맞는 처방을 받아서 실천하면 됩니다. 그런데 저에게 처방을 해준 의사선생님이 저보다 건강하지 않거나 다른 이유로 신뢰할 수 없다면 의사의 말을 따라 실천하지 않을 것 같습니다.

스승 : 다른 이류로 신뢰할 수 없다는 것이 무엇이냐?

제자 : 잘못된 정보나 지식이기도 하지만, 대게는 이러한 상황들은 거의 없으니까요. 다른 이유는 이렇습니다. 저는 금연자입니다. 원래는 흡연자로 제 몸과 가정의 평화를 위해서 끊었습니다. 그런데 의사 선생님께서 제가 흡연자일 때, 담배를 많이 피우는데 끊어야 합니다. 그리고 운동을 많이 하세요. 그랬는데 솔직히 그때는 흡연은 했지만 몸(몸매)도 좋았고 운동도 많이 했습니다. 그래서 담배만 끊으면 될 것 같아 그렇게 해야겠다고 결심하고 나왔는데 그 의사 선생님께서 밖에서 담배를 피우고 있는 것을 보고 신뢰가 깨지고 실천의지 또한 약해졌습니다.

스승 : 스포츠에서도 이러한 사례들은 있느냐?

제자 : 네, 한참 보디빌딩 국가공인 자격증을 취득하기 위해 헬스장(웨이트 트레이닝 시설)을 알아보고 있었습니다. 그때는 지금처럼 PT(Personal Training)라는 개념이 아직 없었지만 헬스클럽이 대형화되어 많은 트레이너분들이 있었습니다. 그중의 많은 트레이너의 몸은 운동을 배우고 싶은 충동과 함께 같이 운동하고 싶은 신뢰가 생겼습니다. 그렇지만 몇 명의 트레이너들은 그렇지가 않아(트레이닝의 이론과 트레이너의 몸매 등) 그분들과 운동을 할 때는 지속적으로 '이것이 맞나'라는 의문을 가지게 되면서 운동에 집중하지 못했습니다. 이러한 상황들 또한 실천의지를 약화시키는 것이라고 생각합니다.

스승 : 현재의 교과목으로써의 체육 또한 학생들에게 신뢰가 쌓이지 않는다면 앞으로의 체육 발전에 도움이 되지 않겠구나. 우리가 체육을 인식할 때 별로 필요 없거나 중요하지 않다고 생각하게 만드는 장본인이 체육 선생님, 지도자일 수도 있기 때문이다. 그렇지 않느냐?

제자 : 네, 과거의 체육 선생님과 지도자들이 보여준 모습들이 현재의 체육의 모습이라고 생각합니다. 이에 대한 판단은 우리 스스로도 할 수 있지만 체육을 전공하지 않은 많은 사람에 의해서도 형성되었다고 생각합니다.

스승 : 그래서 나도 항상 반성하고 좋은 스승이 되기 위해 나 자신의 돌아보고 성찰하고 있다.

제자 : 네, 저도 그러고 있으며 강의할 때 선생님으로서의 신뢰를 갖추기 위해 노력하고 있습니다. 그 노력은 대학에서 이론수업과 함께 실기수업을 할 때도 학생들에게 직접 기술습득의 과정과 함께 경기도 같이 하고 있습니다. 그리고 학생들에게는 체육 시간의 신뢰를 갖추기 위해서 서로가 노력하자고 합니다.

스승 : 그렇게 배운 학생들은 나중에 체육의 자리뿐만 아니라 어떤 자리에 가서도 최소한의 자기가 배운 것과 함께 자신만의 스타일로 체육을 발전시키지 않겠느냐?

제자 : 네, 현재 일선 학교 체육 선생님과 지도자들 중에서 실력과 열정을 두루 갖춘 분들이 많아 앞으로의 체육이 지금보다 더 발전할 것으로 판단됩니다.

스승 : 우리 사회에서 스포츠는 많은 변화를 겪었다. 도핑이 이슈화되면서 도핑방지의 규정과 제재가 강화되었고, 이를 예방하기 위한 도핑방지교육이 의무화, 활성화되었으며, 스포츠에서 반인권적인 상황들이 지속적으로 발생하면서 스포츠 인권 교육이 제도화, 활성화되고 있다. 이러한 상황들은 내가 젊었을 때는 크게 이슈화되지 않았던 내용들이었다. 그렇지 않느냐?

제자 : 네, 저 또한 이러한 상황들이 최근에 일어난 것이기 때문에 다양하게 해석하고자 노력하고 있습니다.

스승 : 모든 사건과 일들이 발생하면 그에 따른 전문가가 나오지. 도핑과 인권에 관한 전문가는 스포츠의 영역에서만이 아니라 여러 다양한 사람들에 의해서 공론화되면서 법과 제도를 통해 우리 사회에서 존재하게 되었다. 스포츠철학은 그 전부터 도핑과 인권에 관한 철학적 접근과 사유를 하고자 노력하였다.

제자 : 네, 저 또한 도핑과 인권에 관한 교육을 진행하기 전부터 스포츠의 공정성, 윤리성 등을 연구하고 사고하면서 이에 대한 실천으로 현장에서 활동하고 싶었습니다.

스승 : 스포츠에서 도핑과 인권에 관한 실질적인 활동은 무엇이냐?

제자 : 스포츠에서 도핑에 관한 활동은 도핑방지 활동의 최전선에 있는 도핑검사관 활동과 도핑방지와 예방을 위한 교육을 담당하는 도핑방지교육홍보 전문 강사로서의 활동입니다. 그리고 스포츠 인권은 스포츠 인권 전문 강사로서의 활동입니다. 이 둘의 자격을 가지고 우리나라의 크고 작은 수많은 스포츠 대회에서 도핑검사관으로 그리고 도핑방지교육홍보 전문 강사로 활동하고 있으며, 그리고 대한체육회에서 등록된 선수, 지도자, 스포츠 관계자에 대한 스포츠 인권 교육을 통하여 스포츠의 공정성, 윤리성 등을 강조하고 있습니다.

스승 : 스포츠철학의 지식과 함께 현장에서의 실천까지 하고 있으니 자네가 정말로 대견스럽구나.

제자 : 아닙니다. 항상 스포츠인문학 전공자들에게 그 전공을 해서 무슨 쓸모가 있지? 그리고 왜 힘든 전공을 선택해서 힘들게 사느냐라는 질문에 취업과 자본의 효율성에 관한 문제가 아닌 제가 배운 것을 실천하는 것을 꼭 해보고 싶었습니다. 저는 엘리트 선수 출신이 아니지만 그렇다고 모든 엘리트 선수들이 갈 수 없는 메가 스포츠 이벤트(올림픽)에도 참여해서 활동을 했으며, 우리나라의 크고 작은 세계선수권대회나 많은 스포츠 경기에 참여하였고, 이는 저에게는 큰 보람과 행복이라고 생각합니다.

스승 : 자신의 전공을 좋아하고 그에 따른 행복을 계속해서 만들어 간다면 그 스승은 더 행복하지 않겠느냐? 다시 스포츠철학에 대한 다른 학문 분야 외의 관계도 있지만 스포츠철학과 체육사, 스포츠인류학 등 스포츠인문학에 대한 학문적인 필요함은 무엇이라고 생각하느냐?

제자 : 학문의 발전을 위해서는 그 학문의 학문성과 함께 전문성이 있어야 한다고 생각합니다. 그리고 제가 더 중요하게 생각하고 있는 것은 다양성입니다.

스승 : 학문의 다양성은 무엇을 의미하느냐?

제자 : 같은 학문을 전공한 사람들도 각자의 지식이나 논리들이 다르며, 많은 논의와 탐구의 과정을 거쳐 전반적인 학문의 성장과 발전을 이룬다고 생각합니다. 이를 위해서는 철학의 기본 바탕이라고 할 수 있는 비판적 사고가 필

요합니다. 그런데 이 비판적 사고가 객관적이고 학문의 발전을 위해서 하는 것이 아닌 나와 다른 타인에 대한 공격이나 그 주장을 인정하지 않는 것으로 발생하고 있어 마음이 아픕니다.

스승 : 그런 상처의 본질이 너의 학문에 대한 비난이 아니라는 것을 깨닫고 학문에 대한 열정이 식지 않고, 발전을 위한 하나의 과정이라고 생각하면 좋겠다. 나 역시 많은 비난을 받으면서 상처와 함께 공부에 대한 회의도 많이 느꼈다. 그럴 때일수록 나 자신을 돌아보고, 나 자신과 함께 남을 이해하려고 노력했다. 그러다 보니 자네가 말한 학문의 다양성이 정말로 중요하다고 깨달았다. 자네 또한 이러한 길을 가고 있지 않은가?

제자 : 네, 그래서 학문의 다양성은 남을 이해하는 것 또한 중요하지만 그 전에 제 자신을 성찰하는 것이 더 중요하다고 생각했습니다.

스승 : 내가 너와 함께 있으면서 질문을 많이 하지 않느냐? 그게 싫지는 않느냐?

제자 : 네, 전혀 없습니다. 저는 질문을 좋아합니다. 저도 교수님처럼 학생들에게 질문을 많이 합니다. 하기 싫어해도 어떻게든 질문을 하게 만듭니다.

스승 : 그게 무엇이냐?

제자 : 네, 수업 시간 중간중간에 질문을 하면 그에 따른 태도 점수를 반영하고 있습니다. 그리고 수업이 끝나기 전에 질문(수업과 관련된 질문과 그렇지 않은 질문)을 3개 이상 안 하면 수업을 안 끝냅니다.

스승 : 효과는 있느냐?

제자 : 네, 처음에는 힘들었지만, 이제는 수업과 관련된 질문도 수준이 많이 올라갔으며, 수업 외적인 질문 또한 그렇습니다.

스승 : 이러한 현상이 왜 발생한다고 생각하느냐?

제자 : 지적 호기심이 자극되어서 그런 면도 있지만, 질문하는 자체를 해보지를 못한 학생들에게 질문은 정말로 어려운 것이었습니다. 저도 생각해 보면, 어쩌면 대답하기가 쉽지 질문하는 것이 쉬운 것이 아니었다는 것을 느낍니다.

스승 : 질문을 하기 위해서는 생각을 해야 한다. 그 생각의 주체는 바로 자기 자신이다. 단순한 질문들은 쉽게 할 수 있다고 하지만 수업 시간이나 중요한 회의나 학술대회에서 질문은 쉽지가 않다. 왜 그런가에 대하여 생각해 봤느냐?

제자 : 네, 저도 그러한 자리에서 질문을 하는 것은 떨리기도 하고 무슨 질문을 해야 할지도 모를 때가 많습니다. 이는 정말로 제가 궁금한 것이 없었던 것인지, 아니면 질문을 하지만 그 속에 저의 지식이나 사고가 약해서인지를 한참을 생각해 봤는데 결론은 그 질문에 제가 아닌

남의 지식이나 말을 가지고 하려고 하니 힘들었다는 것이었습니다.

스승 : 그래. 질문은 오롯이 자기가 있어야 한다. 예를 들어 학술대회에서 질문하는 사람들은 대게 마지막에 질문을 하고 그 전에 자기가 하고 싶은 말은 한다. 그게 나는 못마땅할 때가 많았다. 질문은 정말로 궁금한 것만 하면 되는데, 대답하는 사람을 가르치려고 하니 말이다. 그렇지만 질문의 목적이나 다른 것을 떠나 질문하는 것 자체에는 자기 자신이 있어야 한다는 것이다. 대답은 남의 지식이나 말을 인용할 수 있다. 여기에는 자기가 없다. 이것이 질문과 대답의 본질적 차이이다.

제자 : 네, 인문학은 인간이 주체이고 인간을 연구하는 학문이기 때문에 스포츠인문학 또한 인간이 주체가 되어야 하며, 그 중심에는 내가 있어야 한다는 생각으로 이어집니다.

스승 : 그렇다. 질문하지 않는 사람은 발전할 수가 없다. 질문은 내가 있어야 하는데 질문이 없으며 내가 없기 때문이다. 스포츠 경기에서서도 선수 스스로가 자기 자신을 입증해야 승리할 수 있다. 이것을 우리는 탁월함이라고 하지 않느냐?

제자 : 스포츠에서 탁월함은 자기 자신에게 먼저 있어야 팀 스포츠 이든 국가대표 경기이든 간에 그 진면목을 볼 수 있다는 것입니까?

스승 : 그렇지, 어떠한 포지션에 있어도 자기 자신의 탁월함이 발휘된다면 경기에서 좋은 성적을 낼 수 있다고 본다. 간혹 팽팽한 경기에서 한 번의 실수가 경기를 지게 만드는 경우가 많다. 그 실수는 누구나 할 수 있지만, 선수들은 그 누군가가 되지 않기 위해서 자신의 탁월함을 끊임없이 만들어 가지 않느냐? 여기에 스포츠철학이 필요함이 무엇이라고 생각하느냐?

제자 : 보통 세계적인 훌륭한 선수들의 다큐멘터리나 여러 매체를 통해 알려진 것들을 보면 엄청난 훈련량과 함께 이를 소화하는 성실성 및 인성을 많이 접합니다. 간혹 악동이라는 별명을 가진 스포츠 스타들도 있지만 경기장이 아닌 훈련장이나 자기 자신을 위해 훈련할 때는 언론에서 보이는 그런 모습이 아닐 때가 많습니다. 그리고 스포츠 스타들의 플레이는 다른 선수들에게 볼 수 없는 창의적인 플레이를 보여줍니다. 우리는 이러한 플레이를 보고 열광을 하는 것이고요. 그렇지만 왜 다른 선수들이 하지 않는 창의적인 플레이가 가능한 것이냐이지요. 제 생각은 꼭 스포츠철학을 배우거나 전공하지 않아도 그 선수들은 그 플레이가 나오기 전까지 자기 자신에 대한 생각을 많이 했을 것이며, 다른 플레이에 대한 호기심과 그에 따른 연습을 통한 실천, 그리고 실제 경기에서 할 수 있는 용기, 의지, 자신감 들이 발휘되었다고 봅니다. 이는 스포츠철학에서 이야기하는 자기 자신에 대한 사

고, 지적 호기심, 실천의지들인 것입니다.

스승 : 지금까지 스포츠에서 철학이 필요한 이유를 종합적으로 살펴본 것 같다. 학문적·교육적으로 스포츠에서 철학은 모든 학문의 기초이자 비판적 사고와 함께 지적 호기심을 자극하기 때문에 전반적인 체육학 발전에 도움이 될 것이며, 사회, 문화적으로 스포츠는 하나의 문화로 자리 매김하면서 이에 대한 도덕적·윤리적인 가치론적 접근과 사유가 작금의 사회에서 더욱 필요하게 되었으며, 이는 스포츠에서 철학이 필요한 이유가 되고 있다. 또한 스포츠에서 철학이 필요함과 그 당위성이 인정받기 위해서는 지식을 추구함에 있어 실천이 동반되어야 한다. 그렇지 않느냐?

제자 : 네, 스포츠에서 철학이 필요한 이유에 대하여 한번 더 깊게 생각하는 시간이었던 것 같습니다.

스승 : 그런데 우리 사회뿐만 아니라 스포츠 내에서도 철학이 필요하지 않은 것 같다. 그리고 철학에 대한 잘못된 이해와 인식으로 스포츠철학이나 스포츠인문학 전공자들의 설 곳은 점점 더 없어지고 있는 것 같다. 왜 이러한 현상이 일어나고 있다고 생각하느냐?

제자 : 현재의 스포츠에 대한 비판적 사고는 진단과 함께 제대로 된 처방을 통하여 전반적인 스포츠의 발전에 도움이 되고자 하는 것입니다. 이에 대한 오해와 현실에서의 실

천에 대한 의문은 비판이 아닌 비난이거나 누군가의 이익을 위한 제도와 정책이기 때문이라고 생각합니다. 즉, 스포츠 내에서도 스포츠철학에 대한 학문적 다양성을 인정하지 않는 분위기와 함께 스포츠철학은 현실성과 거리가 먼 골방에 갇혀 있는 학문이라는 사고와 인식이 아직까지도 형성되었기 때문이라고 생각합니다.

스승 : 스포츠에서 철학에 대한 기본 개념 없이 모 학문의 응용으로만 학문의 발전을 도모한다면 그 한계는 자명하다. 그리고 현실과 미래에 대한 방향성을 읽지 못한다면 그 학문은 도태되기 마련이다. 스포츠철학은 기본적으로 스포츠에 대한 현실과 미래에 대한 방향성을 제시하는 학문인데 작금의 상황을 봤을 때는 그렇지 않은 것 같다. 이에 대하여 어떻게 생각하느냐?

제자 : 현재 체육학의 하위 학문 분야에서 스포츠철학은 인기 있는 학문도 아니며, 전공에 맞는 취업이나 그 연관성도 크지 않습니다. 그리고 대학의 교육과정(Curriculum)에서도 하나의 교과목으로 개설된 것도 많지가 않습니다. 작금의 상황에서 스포츠철학의 미래는 밝아 보이지 않습니다. 그리고 스포츠인문학은 비전공자(체육학 전공자 중에 스포츠철학 전공자가 아닌 자)가 가르쳐도 된다는 잘못된 인식 또한 대학의 현장에서는 존재합니다.

스승 : 전반적인 스포츠인문학의 위기는 현재 대학에서의 인문

학의 위기와도 같다. 이에 우리가 어떻게 하면 이 위기를 극복할 수 있을 것이라고 생각하느냐?

제자 : 사람들이 스포츠인문학을 왜 전공하느냐를 물어보는 이유 중의 하나가 바로 현재의 스포츠인문학이 처해 있는 위기 때문이라고 생각합니다. 그래서 이러한 현상들이 왜 발생하고 있는가에 대한 제대로 된 진단과 함께 이를 극복하기 위한 현실적인 대안과 방안들이 무엇이며, 어떻게 실천해야 하는가에 대하여 끊임없이 질문하고 답을 찾고자 합니다.

스승 : 일반 사람들의 눈에 보이지 않는 일이라 힘들 것이다. 그렇지만 이러한 시간과 함께 여러 다양한 논의와 탐구들이 현실에 반영되고 실천이 된다면 우리는 스포츠에서 철학이 왜 필요한지를 지속적으로 묻고 답해야 한다.

제자 : 네, 저는 이 시간이 너무 행복합니다.

스승 : 나 또한 그러하며, 어려운 동행을 함께하는 자네에게 항상 미안하고 고맙구나.

제자 : 아닙니다. 저는 교수님과 함께하는 이 자체가 너무나 감사한 마음뿐입니다. 오늘도 감사합니다.

02
미래의 스포츠

　우리는 미래를 항상 그리면서 살고 있다. 미래의 스포츠는 이럴 것이다. 그리고 미래에는 스포츠가 우리 사회에서 중심이 될 것이다. 이러한 표현들은 스포츠의 관점으로 미래를 보기 때문이다. 그렇지만 많은 사람은 더욱 건강해지길 원하며 삶의 질을 추구하면서 스포츠에 대한 관심이 현재와 미래를 향해 그려지고 있다. 이에 이 장에서는 미래의 스포츠에 대하여 전반적인 이야기를 하고자 한다.

　스승 : 몸 건강히 잘 지내고 있었느냐?

　제자 : 네, 교수님은 괜찮으신가요?

　스승 : 나도 괜찮다. 요새 건강에 대한 안부의 인사가 먼저이지 않느냐?

　제자 : 네, 코로나19(COVID-19)[3]로 인하여 서로의 건강에 대

한 안부와 함께 인사가 되고 있습니다.

스승 : 코로나19의 감염병에 의해 전 세계적으로 일상적인 삶이 바뀌고 있다. 스포츠도 예외는 아니지 않느냐?

제자 : 2020년에는 메가 스포츠 이벤트 중의 하나인 올림픽이 열리는 해였지만, 코로나19로 인하여 현재 2021년으로 연기된 상태입니다. 그리고 크고 작은 스포츠 대회가 거의 연기, 조기종료, 취소되는 상황입니다.

스승 : 스포츠의 특성상 많은 사람들이 모이게 되니 감염병 확산과 예방을 위해 이에 대한 조치는 당연하다고 생각한다. 그러면 이러한 상황들이 이 코로나19가 끝나면 동시에 끝인가에 대한 질문이 생기지 않느냐?

제자 : 코로나19는 우리에게 많은 변화를 주었으며, 기존의 삶의 방식을 계속 유지할 수 없게 만들고 있습니다. 이러한 변화는 전 세계적으로 발생할 것이며, 코로나19가 종식된다고 해도 이제는 새로운 삶의 방식으로 살아가게 될 것입니다. 어쩌면 스포츠에서 이러한 변화가 크게 형성될 것으로 생각됩니다.

---

3) 2019년 12월 중국 우한시에서 발생한 바이러스성 호흡기 질환. '우한 폐렴', '신종코로나바이러스감염증', '코로나19'라고도 한다. 신종 코로나바이러스에 의한 유행성 질환으로 호흡기를 통해 감염되며, 증상이 거의 없는 감염 초기에 전염성이 강한 특징을 보인다. 감염 후에는 인후통, 고열, 기침, 호흡곤란 등의 증상을 거쳐 폐렴으로 발전한다. 2020년 3월 전 세계로 확산되자, 세계보건기구는 이 질환에 대해 팬데믹을 선언했으며, 미국과 유럽 각국에서 감염자가 급증함에 따라 2020년 도쿄 올림픽이 1년 연기되는 등 많은 국제 행사가 취소되거나 연기되었다(다음백과사전, 2020).

스승 : 스포츠도 경제활동의 한 영역으로서 서비스(용역)에 해당된다. 작금의 코로나19는 모든 경제활동을 힘들게 하고 있다. 스포츠도 이러한 상황에서 벗어날 수 없으며, 더 많은 활동에 대하여 제약을 받고 있다. 그렇다면 스포츠의 관점에서는 엄청난 위기에 봉착하고 있다. 이에 대하여 어떻게 생각하느냐?

제자 : 네, 작금의 스포츠는 위기입니다. 자본주의 사회에서 경제활동의 중요성은 이루 말할 수 없습니다. 우리나라의 경우 특히 모기업이나 지자체의 지원으로 운영되는 스포츠가 많아서 불경기와 같은 상황에서는 언제든지 악영향을 받고 있습니다. 굳이 스포츠리그에 속해 있는 팀이나 지자체의 실업팀 같은 경우가 아니어도 가정에서 형편이 어려워지면 제일 먼저 그만두게 하는 사교육 중의 하나가 예체능입니다. 그래서 코로나19로 인하여 스포츠와 관련된 소상공인들의 어려움도 크다고 볼 수 있습니다. 이는 스포츠의 전반적인 인식 부족과 실천에 대한 어려움을 만들어 악순환을 고리로 만들 가능성이 높다고 생각합니다.

스승 : 스포츠는 능동성, 역동성, 긍정성을 추구하는데 현실에서는 수동적·비역동적·비관적인 상황들로 오랜 시간 지속된다면 스포츠의 생명력은 예전처럼 밝게만 묘사되지 않게 될 것이다. 그렇지 않겠느냐?

제자 : 개구리가 높게 그리고 멀리 뛰기 위해서 잠시 움츠리는 것처럼 스포츠도 이 시기가 지나면 더 많은 발전을 할 것으로 생각하지만, 움츠리다가 주저앉아 버릴 수도 있어서 작금의 스포츠 위기에 대한 충분한 논의와 앞으로의 스포츠에 대한 탐구들이 제대로 이루어져야 한다고 생각합니다.

스승 : 스포츠인문학이 필요한 시기라고 할 수 있겠구나?

제자 : 네, 스포츠의 주체인 인간이 현재 감염병에 의해서 모든 것이 멈춰 버리고 그 역동성마저 잃어 가고 있을 때 인간의 욕망과 그 실천의 장인 스포츠가 그 좋은 역할을 한다면 포스트코로나 시대에는 스포츠가 중요한 위치에 있을 것입니다. 그렇지만 그 반대일 수도 있습니다. 감염병의 확산에 스포츠도 예외는 아니니까요.

스승 : 코로나19로 인하여 앞으로의 시대에 대한 전문가들의 의견과 여러 전망이 나오고 있다. 그 전망들 중의 하나가 코로나19에 대한 치료제가 없으면 잠시 소강상태에 있다가도 다시 팬데믹(Pandemic)[4] 이 올 수 있다고 한다. 그러면 스포츠뿐만 아니라 모든 사회가 다시 멈추게 되는 것이다. 이를 어떻게 생각하느냐?

---

4) 세계보건기구(WHO)의 전염병 경보 단계 중 최고 위험 등급인 6단계를 일컫는 말. '감염병 세계 유행'이라고도 한다. 두 개 이상의 대륙에서 전염병이 발생하여 세계적으로 유행하고 있는 상태를 뜻한다. WHO는 1968년 홍콩독감과 2009년 세계적으로 유행한 신종인플루엔자에 대해 팬데믹을 선언한 적이 있으며, 2020년 3월 11일 신종코로나바이러스감염증-19에 대해 사상 세 번째로 팬데믹을 선언했다. 팬데믹 전 단계는 '에피데믹'으로 '감염병 유행'이라고도 한다(다음 백과사전, 2020).

제자 : 네, 코로나19의 치료제가 없으면 작금의 상황은 언제든지 발생할 수 있을 것입니다. 그리고 치료제를 만든다고 해도 이제는 예전의 일상처럼 살아가지 못할 것 같습니다. 여기에 스포츠도 많은 변화와 함께 새로운 시대를 맞이할 것으로 보입니다.

스승 : 앞으로의 스포츠에 대하여 어떻게 접근하는 것이 좋겠느냐?

제자 : 스포츠의 기본 개념과 본질에 대한 충분한 논의를 시작으로 앞으로의 스포츠에 대하여 탐구해야 할 것 같습니다.

스승 : 조금 더 구체적으로 이야기해 보렴.

제자 : 현재 스포츠에 대한 가치를 먼저 이야기하자면 스포츠의 가치는 크게 생리적(신체적) 가치, 심리적 가치, 사회문화적 가치, 역사·철학적 가치로 분류할 수 있습니다. 스포츠의 생리적 가치는 신체의 성장과 발달을 촉진하며, 체력의 향상, 운동기능의 발달, 그리고 여러 효과(비만의 예방과 치료, 성인병 예방, 신체미관의 발달, 신체결함의 교정) 등이 있습니다. 심리적 가치는 정서적 안정, 스트레스 해소, 욕구충족, 의지력과 정신력 강화 등입니다. 사회문화적 가치는 사회성 함양, 여가의 선용, 운동문화의 계승발전 등입니다. 마지막으로 스포츠의 역사·철학적 가치는 생존 수단으로써의 스포츠, 제례나 종교의식으로써의 스포츠, 전쟁과 국력강화 방안으로써의 스포츠, 국가 및 인류화합 수단으로써의 스포츠, 삶

의 질 향상으로써의 스포츠 등이 있습니다. 이러한 스포
츠의 가치는 과거부터 현재까지 우리 삶에 형성되었으
며, 앞으로도 시대의 흐름과 상황에 따라 스포츠의 가치
가 달라질 것입니다.

스승 : 현재 코로나19로 인하여 사회적 거리 두기가 우리 사회
에서 형성되면서 스포츠에서도 팀 스포츠보다는 개인 스
포츠가 성행하며, 신체 단련 또한 집에서 이루어지고 있
다. 그리고 힐링과 여가 선용을 위하여 캠핑 또한 사회
적 거리 두기에 적합하여 캠핑의 인구수와 관련 산업이
사회적·경제적 위기 속에서도 성장하고 있다. 이 또한
스포츠의 가치에 포함되는 것이지 않느냐?

제자 : 네, 넓은 의미로 스포츠의 생리적·심리적·사회문화적·
역사적·철학적 가치가 작금의 상황에서도 발휘되고 있
다고 볼 수 있습니다. 그렇지만 현재 스포츠의 활동이
거의 이루어지지 않고 있기에 스포츠의 가치 또한 의미
가 크지 않은 것 같습니다.

스승 : 그렇다면 이러한 위기 속에서 앞으로의 스포츠는 어떻게
형성되어야 하며, 발전해야 하겠는가?

제자 : 스포츠는 보통 사람과 사람이 대면을 통해서 이루어집니
다. 하지만 그렇지 않은 스포츠도 있습니다. 현실이 아
닌 가상을 통한 스포츠가 그렇습니다. 현재 스크린골프
나 스크린야구, 스크린승마 등은 일상생활 속에서 누구

나 쉽고 편하게 스포츠를 즐길 수 있게 만들고 있으며, 많은 스포츠 종목들이 과학적인 발전과 더불어 가상현실을 통한 스포츠 시대를 만들고 있습니다. e-스포츠는 이제 게임이 아닌 스포츠로 인정되고 있으며, 아시안게임이나 올림픽의 정식종목이 되기 위해 많은 발전을 보이고 있습니다. 여기에 바둑이나 e-스포츠는 아직 스포츠로 보느냐, 그렇지 않으냐로 논쟁하고 있지만 스포츠의 광의적인 개념으로 이미 형성되었다고 볼 수 있습니다.

스승 : 앞으로 가상스포츠들은 과학이 발전하면 할수록 동반성장 할 것이다. 그렇다면 가상스포츠들이 과연 스포츠의 가치를 제대로 실현할 수 있는가에 대한 의문이 생긴다. 그렇지 않느냐?

제자 : 네, 스포츠의 가치를 크게 4가지로 분류하였는데, 그중의 하나의 영역에도 포함되지 않는다고 해서 가상스포츠가 아예 가치가 없다고 말할 수는 없을 것 같습니다. 이는 스포츠의 가치는 오랜 시간을 거쳐 형성되었기 때문에 가상스포츠에서 보이지 않는 것들이 나중에 스포츠의 가치로 형성될 수 있기 때문입니다. 이러한 과정들이 가상스포츠뿐만 아니라 전반적인 스포츠가 발전하는 단계라고 생각합니다. 그래서 최소한의 스포츠 가치에 대한 논의들이 이루어져야 앞으로 스포츠가 어떻게 성장하고 발전할 수 있는지에 대하여 알 수 있을 것 같습니다.

스승 : 그래. 스포츠 가치에 대한 기준이 있으면 그것이 가상스포츠이든, 스포츠의 개념에 대한 논쟁이든 간에 전반적인 스포츠를 이해하고 인식할 수 있지 않겠느냐?

제자 : 네, 맞습니다.

스승 : 과학이 우리 인간에게 이로움도 주었지만 그만큼 해로움도 주었다고 생각한다. 그래서 우리 사회는 과학에 대한 윤리적인 접근과 사유가 필요하듯이 스포츠에도 과학과 더불어 철학이 필요하다고 생각한다. 우리가 오랜 시간 스포츠에 대하여 이러저런 이야기를 나눈 것들이 누구에게는 말장난이나 아무런 의미가 없다고 말하는 사람들도 있을 것이다.

제자 : 네, 저도 그러한 비난이나 평가를 두려워하지 않으며, 수용하고자 노력합니다. 그리고 더 많은 이야기를 통해서 스포츠를 진정으로 말하고자 합니다.

스승 : 제자여, 철학은 누구나 할 수 있다. 그렇지만 누구나 철학자가 될 수는 없다. 우리는 계속 스포츠를 철학하는 사람이 되자.

제자 : 네, 좋은 가르침을 주셔서 감사합니다. 앞으로 더 많은 시간을 교수님과 보내고 싶습니다.

스승 : 고맙구나. 나도 이 시간이 돼서야 행복함에 대한 단어를 내 마음속 깊은 곳에 더 많이 새기게 되는구나.

| 맺음말 |

글을 마치며 시원섭섭하다는 것이 이런 것이구나 하고 느꼈다. 군대를 제대하고 많은 시간이 지난 지금에도 군대의 병영생활을 하는 꿈을 꾼다. 어떨 때는 너무 현실적이어서 빨리 잠에서 깨기 위해서 노력을 했다. 그런데 그러면 그럴수록 더 꿈에 빠져들었다.

이 책이 앞으로 내 인생에서 다시 군대에 간 꿈처럼 계속 나를 책 속으로 빠져들게 할 것이다. 이는 평생 스포츠를 보고, 행하고, 이야기하고 있을 것이기 때문이며, 스포츠에 대한 사고와 실천, 그리고 이야기들에 대한 내용이 이 책과 함께 계속 이어서 나올 것이기 때문이다. 게으름과 실천의지에 따라 달라지겠지만 인생의 공부가 평생이듯이 스포츠를 철학하는 것 또한 평생일 것이다.

이 책은 또한 대학에서 체육원리, 스포츠철학, 체육사 등 스포츠인문학 교과에 작음 도움이 됐으면 한다. 많이 부족하고 텍스트 (Text) 한 내용이 아니어도 스포츠에 대하여 항상 사고하며, 지식에 대한 실천, 그리고 지적 호기심을 불러일으켰으면 한다.

끝으로 이 저서가 스포츠를 전공하고, 좋아하며, 사랑하는 모든 이들에게 작은 도움이 되길 바라며 글을 마친다. 감사합니다.

2020년 05월 08일
국립군산대 이호근 교수 연구실에서
스포츠를 사랑하는 김진훈

세상엔 부족한 스승은 있어도, 부족한 제자는 없다.
제자는 부족함을 채우려는 자니, 부족함을 채우면 된다.
그러나 스승은 부족함을 채워 줘야 하니, 언제나 부족할 수밖에 없다.

세상에 옳지 않은 스승은 있어도, 옳지 않은 제자는 없다.
제자는 옳은 것을 배우려는 자니, 옳음을 배우면 된다.
그러나 스승은 옳음을 가르쳐야 하니, 언제나 옳을 수는 없다.

세상엔 나쁜 스승은 있어도, 나쁜 제자는 없다.
제자는 변화하려는 자니, 그 나쁨을 바로잡으면 된다.
그러나 스승은 전수하려는 자니, 그 나쁨을 고칠 수 없다.

그러니 세상엔 못난 스승은 있어도, 못난 제자는 없다.

남을 가르치는 일은 쉬운 일이 아니다. 스승의 지성, 덕성 그리고
행위가 하나 되어 아버지의 사랑으로 전달될 때 비로소 가능하다.

그리고 이호근 지음

| 참고 문헌 |

김진훈·채승일·이호근(2013), 「스포츠, 깊이 생각하다: 스승과 제자들의 대
　　　화를 통해 알아본 스포츠」, 『스포츠인류학연구』, 8(2), 1-11.

다음백과사전(2020), 게임.

다음백과사전(2020), 놀이.

다음백과사전(2020), 레크리에이션.

다음백과사전(2020), 성인지 감수성.

다음백과사전(2020), 체조.

다음백과사전(2020), 코로나19.

다음백과사전(2020), 팬데믹.

다음한국어사전(2020), 무용.

다음한국어사전(2020), 무아지경.

다음한국어사전(2020), 운동.

다음한국어사전(2020), 보건.

다음한국어사전(2020), 체육

다음한국어사전(2020), 한국대학스포츠총장협의회.

대한체육회(2019), 스포츠인권 교육 표준 교안.

매경시사용어사전(2020), 스포츠토토.

로제 카이와, 이상률 옮김, 『놀이와 인간』(문예출판사, 1958/1994).

신현규(2006), 「체육 vs 스포츠」, 『움직임의 철학: 한국체육철학회지』, 14(4), 51-67.

위키백과사전(2020), 놀이.

위키백과사전(2020), 레크리에이션.

위키백과사전(2020), 스포츠.

위키백과사전(2020), 승부조작.

위키백과사전(2020), 체조.

최쌤(2019.05.08.), 「'아나공'식의 체육수업」.

    https://blog.naver.com/cmk5138/221532742332

한국민족문화대백과사전(2020), 인권.

한국민족문화대백과사전(2020), 체육.

한국민족문화대백과사전(2020), 체조.

EBS 인문학 특강(2013), 「최진석 교수의 '현대철학자, 노자' 1강」.

    http://www.ebs.co.kr

SBSNEWS(2018.01.23.), 「[평창why] 약물의 유혹 '도핑'…도핑테스트는 한 선수의 죽음으로 시작됐다?」.

J. 하위징아, 김윤수 옮김, 『호모 루덴스: 놀이와 문화에 관한 한 연구』(까치, 1938/1981).

김진훈 drymoon-1@hanmail.net

국립군산대학교 체육학과를 졸업하고 동 대학원에서 교육학 석사와 박사학위를 취득하였다. 국립군산대학교 스포츠과학연구소에서 학술연구교수로 재직하였고, 원광대학교 체육청소년연구소에서 박사후 국내연수를 하였다. 이후 서해대학 스포츠복지과에서 초빙교수로 재직하였고, 국립군산대학교, 국립한경대학교, 우송대학교, 을지대학교(대전 캠퍼스), 국립전주교육대학교, 서해대학에서 강의하고 있다.

스포츠와 힘, 권력이란 주제로 다양한 연구를 시도하고 있으며, 스포츠에서 물질적 가치가 아닌 정신적 가치를 추구하고자 노력하고 있다. 현장에서 부와 명예를 위해서 자행되고 있는 도핑을 예방하고 방지하고자 2008년부터는 도핑검사관으로, 2014년부터 도핑교육홍보 전문 강사로 활동하고 있으며, 2019년에는 대한체육회 스포츠 인권 전문 강사로 활동하였다. 그리고 최근 문제가 되는 스포츠 인권에 대하여 2020년 스포츠윤리센터에서 스포츠 인권 전문 강사, 2021년 인천시체육회에서 스포츠 인권 전문 강사로 활동하고 있으며, 2021년 한국프로스포츠협회에서는 스포츠 윤리 강사로도 활동하고 있다. 그리고 스포츠 안전을 위하여 2020년 스포츠안전재단에서 스포츠 안전교육 강사로도 활동하고 있다.

이호근 yihokun@kunsan.ac.kr

고려대학교 체육교육학과를 졸업하고 미국 The Ohio University에서 체육학 석사, The Ohio State University에서 철학 박사를 취득하였다. 현재 국립군산대학교 체육학과 교수로 재직 중이다. 군산대학교 학생부처장, 학생종합인력센터장, 장애학생지원센터장, 2급 생활스포츠지도사 연수원장 등을 역임하였다. 제5대 한국스포츠인류학회장을 역임하였으며, 한국철학학회 부회장, 한국체육학회와 한국사회체육학회 이사로 활동하고 있다.

스포츠를 철학하다

초판인쇄   2021년 5월 12일
초판발행   2021년 5월 12일

지은이   김진훈 · 이호근
펴낸이   채종준
펴낸곳   한국학술정보㈜
주소   경기도 파주시 회동길 230(문발동)
전화   031) 908-3181(대표)
팩스   031) 908-3189
홈페이지   http://ebook.kstudy.com
전자우편   출판사업부   publish@kstudy.com
등록   제일산-115호(2000. 6. 19)

ISBN   979-11-6603-417-6 03690